日本の労働運動100年

温故知新――いま原点に立つ

大正元年・友愛会創設から連合結成まで

久谷與四郎
Kutani Yoshiro

公益財団法人
富士社会教育センター

発刊に寄せて

労働組合の諸活動のなかで〝自由にして民主的労働運動〟という慣用句がよく使われることがあります。「自由」とは自分で自分を律し、自分で立つことができ、自己責任を負う独立した状態を前提にした概念であり、言葉です。こうした考え方を労働運動のなかで打ち立てた「労働組合主義」の理念は、友愛会を源流として幾多の混迷を経つつも百年有余を経た現在の労働運動のバックボーンとなっているのです。

近年、労働運動は幾多の困難に直面しています。とりわけデフレ不況を始めとする「失われた二十年」は労働運動にとっても、厳しい雇用、労働条件圧力のなかで企業別労働組合の弱点が露呈し、産別運動の使命を希薄化させてきた二十年でした。そして労働運動は、いまも混迷のなかにあります。

本書『日本の労働運動１００年』はUAゼンセンの月刊誌『Ｙｕａｉ』で六十三回に及ぶ連載記事を集積し再構成したものです。この連載の取っ掛かりは、二〇一二年を迎え、日本の労働運動にとって民主的労働運動の源流である「友愛会」の創立百周年を期して、同年一月号から連載し、本年（二〇一七年）三月号で完結した力作です。調査、執筆に当たっては、戦後労働運動の現場をみずからの足と目と筆で観察、評論されてきた元読売新聞社の久谷與四郎氏にお願いし、快く引き受けていただきました。実に五年三カ月に及ぶ連載でした。ご高齢にもかかわらず産別回り、国会図書館通いの綿密な調査のもとでの連載執筆に頭が下がる思いと同時に感謝の一言に尽きます。

本書はサブタイトルに〝温故知新―いま原点に立つ〟と銘が打たれているように、統一と分裂を繰り返してきた〝労働運動100年〟の光と影の歴史が活写されています。とりわけ本書の特徴は、鈴木文治が創始した友愛会を源流とする、その系譜、すなわち労働組合主義がどのようにつながれてきたのかを物語っています。なかでも政治闘争を主体とした総評運動との対峙、闘いの歴史は現在のリーダーにとって良き追体験の機会を与えてくれます。

リーダーは、新しい状況に直面したとき、混迷を深めたとき、〝運動の原点に立ち返れ〟と檄を飛ばしてくれた先駆者達の思いを呼び覚ますことが必要です。歴史は問題解決の宝庫です。先人達がどのような問題に直面し、どう解決してきたかは現在の運動に携わっているリーダーに多くのヒントを与えてくれます。労働運動は、今日突然現出したものではありません。過去の運動の光と影の集積として今日の運動があります。いま、問われているのは、如何にもそれらしく見えるものが最もうさん臭いという怪しげな時代にあって「なにを守り、育て、なにを改革すべきか」しっかりと見極める眼力であるとともに「闘う姿勢」であると思います。この点においても本書は知恵と勇気を与えてくれます。

最後に、本書を刊行するに当たり、できるだけ多くの産別、単組リーダーに読んでいただくためにもＵＡゼンセンと友愛労働歴史館の共同監修のもとに発刊することができましたことに心より感謝申し上げます。

公益財団法人富士社会教育センター
理事長　落合 清四

もくじ

第一章　友愛会から総同盟へ――民主的労働運動の矜持を貫いた戦前の運動

第二章　戦後の民主的労働運動の展開——階級闘争・政治偏向と一線を画す着実なる運動

本書は、ＵＡゼンセン機関誌『Ｙｕａｉ』２０１２年１月号〜２０１７年３月号に掲載された連載記事をまとめて再構成したものです。（文中敬称略）

監修　ＵＡゼンセン
友愛労働歴史館

第一章　友愛会から総同盟へ

民主的労働運動の矜持を貫いた戦前の運動

第1話　8時間労働制に道をひらいた川崎造船所のサボタージュ闘争

“創造のための余暇の時間”の誕生

第1次大戦後の生活難に立ち上がった労働者達

8時間制実施の初日、仕事を終えてニコニコ顔で退出する川崎造船所の労働者（神戸新聞　大正8年10月4日付）

大正八（一九一九）年十月四日付の『神戸新聞』。その第六面に一枚の写真が載っている。いまから九十年以上も前の写真だから鮮明ではないし印刷も悪いが、それでも写っている人達の軽快な足取りや表情が伝わってくる。説明には「ニコニコ顔で退出する職工連（川崎造船本工場八時間制実施の第一日）」とある。

記事に付けられた見出しは、「喜悦を腕に力加えて一生懸命な仕事ぶり　機械の音にも活気が満ちて　監督が手持無沙汰の有様　いたる所に歓びの声」と、長いサボタージュ闘争の終結とともに実現した「八時間労働制」をよろこぶ労働者達の気持ちを最大限の表現で伝えている。

一万六千人もが働いていた神戸の川崎造船本工場で、突然、労働者のサボタージュ闘争が発生したのはこの年の九月十八日。第一次世界大戦は終わったものの、米価が五年前の三～四倍に跳ね上がるなどして生活難が国民生活を襲い、米騒動や労働争議が全国で相次いでいた。

川崎造船の労働者の要求は、生活苦に対応しての賃上げと、松方幸次郎社長が約束した特別賞与の支給期日明示など三項目だった。

労働者らは要求の内容やその後の方針を、四日前の各職場代表者の打ち合わせで決めており、十八日の突入後すぐに各職場の実行委員、交渉委員、保安係、会計係を決めて闘争態勢を整えただけでなく、翌日の給料日には準備金として一般工員から一円十銭ずつ徴収した。いまでいう労働組合はなく、労働者が職場ごとに相談しながらの闘争だった。そんな時代に、これだけ素早く、組織的な闘争の運びには驚かされる。

闘争が続くなか、九月二十七日に開かれた第三回の交渉で松方社長は、「十月一日より八時間労働制と賃上げを実施する」と突如発表、同時に工場内にも掲示した。賃上げは、八時間の就業時間に対して従来の十時間と同額を支給し、これまで払っていた七割の残業歩増しを本給に繰り入れるというもので、ほぼ要求を満たす内容だった。また、労働時間については、従来は午前六時三十分始業～午後五時終業（昼食休憩三十分）の十時間だったものを、午前七時～午後三時三十分の八時間に改めるという内容だった。

労働者には納得できる内容だったが、賃上げも八時間制も、実施されるのはサボタージュをやっていない兵庫、葺合《ふきあい》の両分工場のことで、闘争中で従業員の大多数がいる本工場については、なにもふれられていなかった。食い下がる交渉委員に社長は、「お前方が誠意を見せることが先だ」と突っぱね、あくまでサボタージュ闘争の中止を迫った。

らちが明かない状況に労働者側は協議会を開催して対応を協議、社長の真意を受け入れて闘争を終結、二十九日から全員が職場復帰することを決めた。十月一日に松方社長に面会してこの方針を伝え、川崎造船所のサボタージュ闘争は終結した。両工場から二日遅れて、本工場でも三日から賃上げと八時間労働制は実施された。

「労働は商品にあらず」国際的な8時間労働の動き

八時間労働制の川崎造船所での実施は、日本の各地工場の労使に大きな衝撃とともに伝わった。兵庫県では十月初めに神戸製鋼所、播磨造船所といった大手工場も素早く追随、十一月末までに全国で造船、鉄鋼を中心に二百十九もの工場で採用されるほど広がった。

川崎造船所の闘争は、八時間労働を目的とはしていなかったが、結果的にその実現と、その後の普及という大きなうねりの突破口となった。背景には当時の国際情勢があり、相手の松方社長がその情勢に熟知した国際感覚の優れた経営者だったということがある。

大正八年は、十月にＩＬＯ（国際労働機関）第一回総会がワシントンで開催され、八時間労働制を規定した「第一号条約」が採択されている。その直前に発生したのが川崎造船の闘争であり、アメリカの大学に留学、争議の一年前までロンドンに滞在していた松方社長は、八時間労働制が国際的には、焦眉の急の労働問題であることを十分に知っていた。

交渉でも松方社長は、「『労働は商品にあらず』だ。世界の趨勢に順応して、八時間の原則だけでも実行したい」と述べ、その情報通ぶりを披露している。対する労働側は、労働組合が社会的認知を十分に受けていない時代に、サボタージュ闘争に訴えて整然とやり抜いた。労働者の想像を超えた勇気と行動は、松方社長の先見性に劣らず、日本を八時間労働制へ導いた立派な勝利者だったといえる。

神戸港ハーバーランドの「はねっこ広場」に「八時間労働発祥の地　記念碑」が建っている。その制作者・井上武吉は、平成五年の除幕式に一文を寄せて「人間は一日を三分することで、人間らしい時間性を得て、『文化』は形成され始めた」と書いた。労働の時間、就寝の時間に加えた、創造のための余暇の時間の大切さを、作者はここで強調している。

碑の前に立つと螺旋状のステンレスの像が、空と海の一角を切り取っているように見える。だれもが目ざすべき「労働文化」の姿を、無言で指し示しているように感じられる。

8時間労働発祥の地の碑
後方は現川崎重工業

サボタージュ
　労働者が主張を貫徹するために、業務の正常な運営を阻害する行為の一つ。労働者が団結して仕事の能率を落とし、使用者側に損害を与えて紛争の解決を迫ること。怠業。

ＩＬＯ（国際労働機関）
　一九一九年に設立。加盟国の政府と労使の代表で構成され、各国政府に対して労働条件の改善や社会福祉の向上に関する勧告・指導を行う。国連の専門機関。本部はジュネーブ。

第2話 「連合」へと続く民主的労働運動の源流「友愛会」

社会の無理解と厳しい弾圧の下で労働運動（友愛会）をつくった鈴木文治

英のフレンドリー・ソサエティーにならい「友愛会」と命名

東京・芝公園の旧友愛会館跡地に建設されていた「新友愛会館」が一月末に竣工、十六階建ての近代的なビルが周囲に存在感を誇っている。ビル北側の日比谷通り角緑地には、「友愛会百周年記念モニュメント」が設置され、その奥には旧友愛会館とホテル三田会館との間にあった「日本労働運動発祥之地」の石碑が移設された。

そう、この場所は百年前の大正元（一九一二）年八月一日、日本に初めての組織的で、将来につながる労働運動がスタートした〝聖地〟なのだ。その団体「友愛会」の運動はその後、脈々と受け継がれ、今日の「連合」へとつながった。

鈴木文治

その日は明治天皇の崩御から服喪三日目で、全国がひっそり静まり返っていた。そんな日の夕刻七時、この場所にあったユニテリアン教会惟一館の図書室に、一人ふたりと人が集まって来た。中央の長テーブルを囲んだのは、鈴木文治を中心に電気工、機械工、畳職人、塗物職人、牛乳配達、散水夫らの十五人。

座長に押された鈴木がまず口を開いた。「労働階級の向上と労働組合の結成は時代の必然だ。しかし、労働問題に対する世間の理解は極めて乏しく、幸徳事件の終了からようやく二年、官憲の圧迫も猛烈な今日、すぐその組織をつくることは到底困難である。しばらくは友情的、共済的、または研究的な団体で満足しようではないか」。

友愛会が産声を上げたユニテリアン教会惟一館
（友愛労働歴史館提供）

会の名前についてはいろいろな案が出たが、どれも決め手に欠けた。そこで、鈴木が「友愛会」でどうかと提案した。「イギリスにフレンドリー・ソサエティーというのがある。訳せば友愛会。イギリスの労働者は、団結禁止法の弾圧の下で組合結成の自由がない時代、フレンドリー・ソサエティーの名で表向きは共済、親睦、娯楽を目的に掲げて、実際には一歩一歩組合結成を進めた。その英知に学んではどうだろうか」。鈴木の話に一同が納得、満場一致で「友愛会」と決まった。

綱領、規約、役員なども全員が同意して決まった後、厚紙の表紙に和紙を綴じた帳簿を取り出し、鈴木は「友愛会会員名簿」と墨で書き、その一ページに第一号会員として自分の名前を署名した。左回りで順送りに全員が署名して、名簿が戻って来たとき、鈴木はその上に手を置いて黙とう、一同が立って堅い握手を交わした。

劣悪な労働者の処遇に公憤を覚え団結呼びかける

鈴木は宮城県栗原郡金成《かんなり》（現・栗原市）に生まれ、十歳のときに父と一緒にキリスト教の洗礼を受けた。東京帝大を卒業後、出版社を経て朝日新聞の記者として働いた後、ユニテリアン教会の幹事に転職、米人宣教師マコーレ博士を手伝って教会の雑誌『六合雑誌』の編集に携わっていた。

当時、教会の周辺には大工場が立ち並んでいて、休日はこの一日と十五日だった。鈴木は労働者を対象に毎月十五日の夜に教会で「労働者講話会」を開いた。また、身銭を切って囲碁と将棋盤を用意し、一日と十五日には「労働者倶楽部」を開いた。労働者に接し生の声を聞くうちに、職場での労働者の処遇が、悪代官さながらの根性を抱く上役への付け届けによって左右される前近代的労務管理を知って、激しい公憤を感じた。また、賃金は、定職も技術もあって、なおかつ真面目に働いていながら生活に困る労働者が多かった。

「これは自分一人のことだけを考えてはいけない。まず同志を一つに集めて、団結の威力を振るって前途に立ちふさがるものを粉砕し、理想の社会を打ち建てなければならない」と、鈴木は決意を固めた。

こうして十五人で産声をあげた「友愛会」は一年後には千三百二十六人に増え、大正八（一九一九）年の満七周年大会には会員三万人へと急増した。その間に、労働者の法律相談に乗り、無料や半額で診療・看護を受けられる制度をつくるなど、地道に活動の幅を広げながら二回の労働争議にも関与、経験を積み重ねた。そして、この年の大会で、「大日本労働総同盟友愛会」（二年後「日本労働総同盟」に改称）へと名称を変更した。総同盟の下で各地の加盟組合は、職業別組合に再組織した。

大会宣言は、労働者の基本的権利を次のように宣言した。「労働者は人格者である。彼らはただ賃金相場によって売買せしめるべきものではない。また、組合の自由を獲得しなければならない。

彼らは次のように宣言する。我らは決して機械ではないと。彼らは個性の発達と社会の人格化のために、教養を身に付けることができる社会組織と、生活の安定と、自己の境遇に対する支配権を有する」。大会宣言に合わせ、「労働非商品の原則」「組合結成の自由」「同一労働の男女同一賃金」「八時間、週四十八時間労働制」など、二十項目にわたる具体的運動目標も明記した。

世間は、友愛会が闘争主義へ転換したと批判した。しかし鈴木は、「労働問題に実際にぶつかってみると、反抗心がむらむら燃えあがる。資本家は労働者をどこまでも奴隷扱いにしたがる」と受け流した。キリスト教的人道主義から出発した鈴木自身が、現場の経験を経て社会主義者へ変化していた。

幸徳事件
幸徳秋水ら多数の社会主義者・無政府主義者が明治天皇暗殺を計画したとして検挙され、処刑された事件。大逆事件ともいわれる。

現在の友愛会館

友愛会 100 周年
記念モニュメント

「労働運動発祥之地」の碑

第3話　〝無産の民、無告の民の権化〟として闘った鈴木文治の横顔

社会の不合理に〝団結〟して立ち向かう

キリスト教的人道主義を原点に社会の底辺で苦しむ人々の救済へ

「友愛会」の創設者・鈴木文治が労働運動を創った動機はなんだったのだろうか。

鈴木は『労働運動二十年』で、その動機として三点を挙げている。その第一が、幼年時代からキリスト教の雰囲気のなかで育ってきたこと。鈴木自身、「キリスト教的人道主義の立場がその出発点だ」と述べている。

宮城県栗原市金成《かんなり》（旧栗原郡金成村）には、瀟洒《しょうしゃ》な尖塔のある金成ハリストス正教会が周囲の農村風景に際立って建っている。鈴木はこの地で十歳のときに、父と一緒に洗礼を受けた。地元の中学校を卒業した後、山口高等学校、東京帝大へと進むが、その学生生活は終始、宗教的感化の下で過ごした。

鈴木文治が洗礼を受けた
金成ハリストス正教会

動機の第二が、中学時代に突然襲ってきた家業の酒造業の失敗で、貧乏のどん底に一家が突き落とされたこと。単に貧乏というだけで「他人からバカにされ差別扱いされ、嫌われるに至っては、はらわたが煮えくりかえるような感じがする

ものだ」と、自分と一家の体験から述懐している。

貧乏の結果、病気になったり、犯罪に走ったり、自殺したり、さらに身売りしたりといった、当時珍しくなかった社会状況の多くが「貧の病」から起こってくるものだと認識。「これは自分一人のことだけを考えてはいられない…。自分を捨てても人々を救わねばならない、という気持ちが猛然と沸きあがってきた」と記す。

三番目の動機は、高等学校から大学へと苦労しながら進んで、政治や経済などを勉強して、社会の不合理性に目覚めたこと。世のなかが「金持ちと貴族だけに、バカに都合よくできている」と気づいて見回すと、一般の人々も商人、知識階級も、結局は特権階級がその地位を維持し、利益を勝手気ままにするための「生きた器械」だという疑問が、ひたひたと起こってきたのだという。

新聞記者時代、みずから木賃宿に泊まり労働者の貧困と差別の実態をルポ

社会の底辺で苦しむ人々の背景にある貧困と社会的矛盾に気づいた鈴木は大学卒業後、数カ月の印刷会社勤めを経て朝日新聞記者となる。その入社試験が「東京における救済事業現況」を記事にまとめて十日以内に提出せよという、鈴木にはうってつけの課題だった。鈴木は破れ綿入れに色あせた黒木綿を着流し、穴のあいた足袋《たび》にグダグダの中折れ帽を被るという格好に変装して、トボトボと無料宿泊所の宿を求め歩いて実情を探った。

その報告は、入社後の六月から十回に分けて「東京における社会改良事業現況」として朝日新聞に連載された。鈴木はあくまで、底辺から社会を眺める視線で、連載第一回の六月二十六日付では、

「電車のなかでは車掌に剣突《けんつく》を食らい、道を尋ねては巡査に叱られ、ようやく宿に着いては取次人に怪しまれた」と、貧乏人に対する社会の目の冷たさを書いた。

十二月に入って、下層社会の実態をやはり底辺から見つめた「東京浮浪人生活」という連載を、年を越えて二月まで四十回続けた。今度は印はんてんに腹かけ姿という、当時の職人の風体に変装して、東京のスラム街にある木賃宿に泊っては、宿泊者の仲間に入って聞いた話をルポルタージュ記事にまとめた。

その記事では、東京の場末の浮浪人は少なくとも一万五千人から二万人はいると推計。その多くが市内に散らばる五百六十軒の木賃宿や場末の間借で生活、一膳飯に飢えをしのぎ、年中印はんてんのまま寒空に震えている。いくら働いても「いわゆる手より口への生活」から抜け出せない現象はとても見過ごせない、と怒りを露わにしている。

一月八日付の記事では、仕事がなくなる年末から正月にかけての、浮浪者にとって最も厳しい時期について書いている。その間は、あるだけの衣類を売り払っても、食物と宿料に足らず、窮余の末に死を選ぶ者もある。「ことしも人は新春の祝い酒に酔う正月三日、僕は編集局で、三人の立ちん坊が溺死したという情報に接して思わずハラハラと不覚の涙にむせんだ」と書いた。連載の最後では、無料の公立職業紹介所と一時宿泊所の設置を訴えた。

「友愛会」を創設した鈴木の考えを辿ってみると、その活動の根底には「人はみな兄弟であり、神の前には平等」というキリスト教的人道精神が強く流れている。その精神からすると、目の前の労働者の貧困と差別はとても許し難い矛盾だ。大学で学んだ社会改良主義の理想へ向けて、鈴木

朝日新聞連載の「東京浮浪人生活」の取材のため、印はんてん、腹かけ姿に変装した鈴木文治（左）／友愛労働歴史館提供

は「一人の人間は馬鹿にもできる。われらは弱者であっても少敗者とはなりたくない。千人は二千人に、二千人は三千人に…、五千人は一万人に、一歩踏み出すごとにわれらの勢力は増えていく」と、団結による自由の獲得を叫んだ。

日本では、友愛会創設に先立つこと十五年前の明治三十年、「労働組合期成会」が設立されたが、その後の治安警察法の公布で立ち消えとなり、労働運動は事実上許されない時代となった。そんななかで「団結は力」として共済活動を表向きにして組織活動を継続的に展開して、今日の労働運動の礎を創った功績と意義は、他にたとえようもなく大きい。

治安警察法

先鋭化しつつあった労働運動を取り締まる目的で明治三十三（一九〇〇）年に制定された。第十七条では、労働組合に加入させたり、ストライキをさせたり、労働条件を交渉する目的で他人に対して暴行脅迫、または公然誹謗したり、さらにストを行う際、他人を誘惑、扇動することを禁止した。それらの違反には一カ月以上六カ月以下の禁固または三円以上三十円以下の罰金を科した。

立ちん坊

道路端に立って荷車の後押しをしたり、人集め人を待って土木作業につくなどして、その日一日のわずかな賃金をもらう、当時の最下級の労働。

第4話　組合の承認・団交権を求めた三菱・川崎闘争は弾圧に屈す

労働組合の地位確立への厳しい道のり

友愛会関西労働同盟会の創立宣言で「団結権」「団体交渉権」「争議権」を要求

鈴木文治が創設した「友愛会」を核にして、日本の労働運動はその後の七～八年の期間を経て、ようやく基礎を固めてきた。

大正八（一九一九）年一月、関西で最も多い会員を擁していた友愛会神戸連合会は大阪連合会と協力して、大阪で「労働組合公認期成講演会」を開催した。三千人の聴衆が集まって盛りあがったなか、最後に組合公認の要求を決議した。四月には京都も含めて友愛会関西労働同盟会が創立され、その創立宣言で、次のように「団結権」と「団体交渉権」「争議権」が明確に要求された。日本の労働運動史上初めてのことだ。

「われらは宣言する。労働は一個の商品ではない。資本主義文化は（中略）労働者を一個の商品として、社会の最下層に沈淪《ちんりん》させてしまった。故にわれらは労働組合の自由と、生活権と労働権と、集合契約権と、正義に基づく同盟罷工の権利を主張し、治安警察法第十七条の撤廃と現行工場法の改正を要求する」。

この方針に沿って関西では、折からの物価高騰を受けた賃上げ要求などとともに、労働組合の確立を求める闘争が相次いだ。大正十（一九二一）年四月から八月までの五カ月間に起きた争議三十一件のうち、十七工場で労働者は団体交渉権の確認を求めた。それがピークに達したのが三菱・川崎大争議だった。

3万7千人の歴史的大デモ行進は　武力弾圧と大量解雇で幕を閉じた

争議は大正十年六月二十四日、組合のなかった三菱内燃機会社で、労働者約百人が神戸発動機工組合を結成、翌日に賃金増額、八時間労働制など十項目を嘆願書として出したのが発端だった。その中心的要求は「横断組合の承認」「団体交渉権の確立」の二項。しかし、嘆願書は突っ返され、労働者側は二十九日からサボタージュに入った。会社はこれに、指導者の解雇で応えた。

争議は川崎造船所に波及、二十八日から本社工場の電気工作部で自然発生的にサボタージュが始まった。同部の労働者で組織する電気工組合（電正会）も七月になって、「組合加入の自由」などを要求、友愛会神戸連合会は傘下の組合に、三菱内燃機、川崎電工部とともに組合承認要求で結集するよう求めた。

三菱と川崎の双方が共鳴し合うようにして争議は拡大、三菱は内燃機、造船、電機が合体して一万二千人のストライキとなり、川崎も本社工場の一万三千人のサボタージュとなった。

そして七月十日の日曜日、両争議団による歴史的な大デモ行進の決行となった。三万の争議団に応援の労働者を含めて三万七千人が参加して、神戸市中を行進した。東京のメーデーでも二千人に満たない当時、まさに神戸を震撼させた大示威行進だったが、秩序整然と進み、沿道では応援のレモン水、氷水などを接待する市民もあった。

その後、三菱、川崎の各社側は相次いで工場の一斉休業を宣言。さらに、川崎の争議団が工場管理宣言を発したのを引き金に、警察は一切の市中デモを禁止し、県知事が要請して、姫路師団の歩兵一個中隊と憲兵、それに舞鶴から海軍兵二百人までも出動させた。

このような弾圧に身動きできない状況に追い込められた争議団は、「野球・水泳・相撲大会」などを開いて抵抗。二十八日には、争議団一万人が神社参拝の形を借りて、永田神社に参拝した後、湊川神社へ向けて行進し、「…われらは圧制、横暴、迫害に耐え、あくまで産業の自由と人権の解放のために天地大霊の庇護を乞い願う」と祈願文を読み上げた。神社参拝の整然とした行動なら、警察も手出しはできまい、と考え抜いた闘争戦術だった。

警察隊もこの日は、神社参拝を無下に弾圧できず見守るだけだった。しかし、翌二十九日の生田神社の参拝デモでは労働者に襲いかかり、その乱闘のなかで川崎造船所の機械工が、警官の長剣に後ろから刺されて死亡した。さらに、警察はその夜、両争議団本部と友愛会神戸連合会を襲って、賀川豊彦、久留弘三、野倉万治をはじめ、指導者三百余人を根こそぎ検束した。

完膚なきまでの弾圧に、争議団は八月九日、この際は涙をのんで無条件降伏を行い、他日の再起を期す方針を決定。次のような「惨敗宣言」を発表して収拾した。

「われらは武運つたなく、遂に惨敗した。われらの刀は折れ、矢は尽きた。ここに怨みをのんで兵をおさめる。(中略) われらは今後、さらに団結の威力を養う必要を痛感する。われらはここに泣いて兵をおさめる」。

争議は労働側の惨敗で終わった。闘争は神戸の友愛会指導者だった賀川の「無抵抗の抵抗」を理念に、秩序を保って行われたにもかかわらず、官憲と経営者の暴力で粉砕されてしまった。組合の力はまだ無力だった。争議をつうじて、三菱・川崎の両造船所をはじめ、合わせて千三百人もが解雇された。職場の活動家は壊滅し、友愛会神戸連合会の組織は、大企業からほとんど締め出されてしまった。

争議の惨敗は、労働者の意識に合法主義の闘争より実力行動を、という考えを芽生えさせた。争議終結後の九月、友愛会機関紙『労働』は「日本労働運動の転機」と題する論文を掲載し、「資本家や官憲が、もし労働者が正義と信じて進むところに、ただ『力』でもって押し付けようとするなら、労働者も『力』でもって対応する外ない」と主張した。賀川イズムの後退と友愛会のその後の急進化をうかがわせた。

賀川豊彦

賀川豊彦
一八八八（明治二十一）年、神戸に生まれる。キリスト教社会運動家。貧困問題を解決する手段として労働組合運動を重視し、一九一九（大正八）年、鈴木文治らと友愛会関西労働同盟会を結成。農民運動、生活協同組合運動などでも重要な役割を担った。自伝的小説『死線を越えて』は大ベストセラーに。

第5話　労働組合の連携が実って実現した日本初のメーデー

「万国の労働者、団結せよ！」「労働者万歳！」

大正9年5月2日、東京・上野公園で労働階級の解放と万人の自由を叫ぶ

「〝来たれ上野公園へ！〟の声が、政治運動に聞き飽きた市民の耳へ、新たな旋律をもって労働団体から叫ばれた。友愛会を中心とする十五団体は、昨日曜を期し、とにかく最初の労働祭を若葉に萌ゆる上野公園に開催して『労働者のみ是を知る』という祝祭に、万丈の気を吐いたのである」。日本で最初のメーデーが開催された大正九年五月二日、その翌日の朝日新聞の書き出しだ。記事はさらに、次のように続く。

「開会間際の両大師前は…赤インキに大書した『治警撤廃』『最低賃金』『失業防止』の大のぼりを青空高く狂乱せしむる。正午頃には、会場早くも千余の群衆にどよめき、金繍の友愛会旗、信友会旗、黒地に赤の気味悪きＬＭ会旗、『戦わずんば勝あたわず』『労働者団結せよ』と激調の標語に墨痕淋漓たる大小の旗数十、会衆の頭上高く林立…。開会前、会衆の血はすでに躍るの慨あり」。会場の両大師前というのは、現在は国立科学博物館のある場所。参加者は約五千人だった。

午後一時、友愛会会長の鈴木文治がまず演壇に上り、メーデーのいわれを述べて開会。続いて、主事の松岡駒吉が「吾人は、ここに日本最初の労働祭を挙行する。労働祭は労働者の自覚、訓練、

団結を表現する祝祭であり、その祝祭の喜びは、労働者のみ是を知る。吾人は今日、世界万国の労働者とともに、労働階級の解放と万人の自由とを絶叫する」と宣言を読み上げた。

この後、第一回メーデーの名で労働者の〝三大要求〟として、「悪法・治安警察法第十七条の撤廃」「失業の防止」「最低賃金法の設定」が発表されて決議。さらに会場から出た「八時間労働制」「シベリア即時撤兵」「公費教育の実現」の緊急動議も採択された。

ここで、会場の三カ所に設けられた演壇が参加者に開放された。数十人の無名の労働者が代わる代わる登壇しては、自由に演説した。午後三時半、鈴木会長が笛を吹いて演説を打ちきり、「今日は日曜日を選んだが、来年は何曜日でも構わない。仕事を休んで、この会を開こうではないか。私はマルクスの言をもって閉会の辞とする。〝万国の労働者、団結せよ！〟」と絶叫。参加の労働者一同もこれに応えて、「万国の労働者万歳」と三唱した。

この日はデモ行進のような街頭の示威行動は禁止されていた。そのまま散会の予定だったが、上野公園に向かう途中の労働者が、道中にまいたビラの内容が穏当ではないと、午前中に警察に検束されていた。そこで参加者は、「犠牲者の放還を警察に交渉しよう」と数十の旗を先頭に上野の山を下り始め、広小路と万世橋でデモ隊と警官隊の衝突が起きた。

この衝突で数人が、また検束された。帰途たまたま通りかかって衝突現場に遭遇した鈴木文治が、もみ合いのなかに入って警官に奪われた友愛会旗を取り戻した。その途端、別の警官に背後から頭に一撃を食らうというハプニングもあった。が、ともかくわが国最初のメーデーは終わった。

労働者の大同団結によってのみ「資本」に対抗することができる

メーデーは一八八六年、アメリカのシカゴで労働者が八時間労働を要求して闘ったのを記念してアメリカで始まった。日本では厳しい弾圧下で、メーデー集会などはとても無理だったが、欧米に三十年以上遅れて実現した。

大正九（一九二〇）年といえば、大恐慌が世界を駆け巡った年だ。資本家は企業の独占と集中を強め、その大攻勢に労働者側は苦しい守勢に立たされた。ところが、労働側は労働組合主義に立って合法的活動を軸とする友愛会ばかりではなかった。激しい闘争主義の戦術をとる勢力、さらには暴力も否定しないアナーキスト系の組合などもあって、ばらばらだった。しかも、地方ごとに分散し、その指導者ごとに分裂しているという状況だった。

それが、思想や戦術のいかんにかかわらず、大同団結することによってのみ、資本に対抗できるという認識が高まったのが、初のメーデー開催の背景にあった。この機運の流れで、メーデー後の五月中旬には、参加団体のうちの友愛会や信友会、正信会など九組合で、「労働組合同盟会」が結成された。しかし、それもわずか一カ年で分裂してしまった。過激な闘争方針の指導者に、友愛会が堪えられなくなって脱退したのだった。

さて、第二回メーデーは翌年五月一日に開催され、昭和十年まで十六回を数えたが、十一年の二・二六事件に伴う戒厳令発令で、全国で禁止された。日本はその後、軍国主義、思想統制の強化へと突き進んで、メーデーが復活したのは第二次世界大戦後の昭和二十一年だった。

メーデーと八時間労働制

メーデーの起源となったシカゴの労働者の八時間労働要求の闘いの結果、一カ月後には二十万人が八時間労働を獲得した。一方、労働者のスト集会に警官隊が銃を乱射して百人以上が死傷、数百人が検挙された。また警官に爆弾を投げたという冤罪で四人が死刑にされた。八時間労働は厳しい闘いと犠牲の上に始まった。

松岡駒吉

労働運動家・政治家。全繊同盟初代会長。一八八八（明治二十一）年鳥取県生まれ。室蘭で機械工として働いていたときに友愛会室蘭支部が結成され、鈴木文治の人柄に感銘を受け入会。健実なる労働組合主義を唱え、右派労働運動のトップリーダーとなる。第二次世界大戦後は労組の再結成に動き、一九四六年全繊同盟、日本労働組合総同盟を結成し会長に就任。同年、衆議院議員選挙に当選。翌年、衆議院議長に就任した。

第６話　友愛会以前の労働組合期成会はなぜ消滅したか

〝人類の真心を基礎にした同業組合〟を夢見たが…

米国の労働運動に刺激を受けた高野房太郎らが労働者に決起促す

日本の労働運動史の最初の労働組合ということでは、明治三十（一八九七）年七月五日に東京で設立された「労働組合期成会」の誕生がある。これには少し前段があり、アメリカに出稼ぎに行っていた高野房太郎らが二十九年から三十年にかけて相次いで帰国、まず四月に「職工義友会」をつくった。彼らはアメリカで見た労働運動に刺激を受け、日本でも同じ状況が将来やって来るはずと、集まっては熱心に研究していた仲間で、高野はＡＦＬ（米労働総同盟）のゴンパース会長に会い、その指導も受けた。

職工義友会のねらいは労働者の啓蒙で、まず労働演説会を四月六日、東京・神田で開いて、「職工諸君に寄す」と題する長文の檄文を会場で配った。演説会の弁士には、やはりアメリカ帰りのキリスト教社会主義者・片山潜《せん》も加わった。

檄文は労働者の貧しい状況はどうしてなのかなど、諄々《じゅんじゅん》と説きながら労働者自身の自覚を促していた。その解決策としては、「断固として革命の意志を拒めよ、厳然と急進の行いを斥けよ…」、革命党のように「尺を得ずして尋を求めるの愚」は避けるべきだと、過激な考えや行動を戒めていた。そのうえで、「人類の真心を基礎にした同業組合」を起こし、その組織の力による斬新的改良が必要だと説いていた。

「職工諸君に寄す」は各地の工場でも配布され、その後も開催された演説会の成果として発足したのが「労働組合期成会」であった。それ自体は労働組合というより、組合結成の働きかけと運営指導が主な目的だった。

厳しい弾圧とリーダーの対立――日本の労働運動の源流にはなり得ず

期成会を母体に明治三十年十二月には、まず「鉄工組合」が発足した。そして、翌年四月には、当時の東京・上野駅から北の鉄道を握る日本鉄道の機関手らの「日鉄矯正会」が、八月には「活版

鉄工組合創立委員の記念写真。前列右で胡座をかいているのが高野、その左が片山（法政大学・大原社会問題研究所所蔵）

工同志懇和会」（十一月に活版工組合に衣替え）が結成された。
期成会は、一時は会員の労働者が五千人を超えるほど順調だったが、厳しい官憲と経営者からの隠然たる圧力、弾圧に直面した。活版工組合の誕生においては発起人七人が解雇され、彼らを名指しして「雇うな」と書いた文書が全国に配布された。鉄工組合の拠点の日鉄大宮工場では三十二年、不当解雇から紛争が起きた。期成会が「大運動会」の名目で計画した示威行動は警察命令で禁止され、鉄工組合の一周年記念祭は議会開催中という理由で、解散させられた。

そんな困難な状況に直面して致命的な打撃となったのが、リーダーのなかに社会主義への接近という新しい動きが生まれたことだった。高野は、「職工諸君に寄す」の主旨どおり、社会主義と労働運動の違いを強調し続けたのに対し、片山らは社会主義へ傾斜を強め、編集責任者の立場を利用して機関紙『労働世界』に社会主義欄を設け、社会主義支持の方針を鮮明にした。

高野、片山の対立は三十二年七月の労働演説会で決定的となった。弁士として登壇した桑田熊蔵博士は、「資本家と労働者の助け合い、調和は経済上の原則。労働問題解決に経済組織の打破を言うのは間違い」と説いた。桑田博士は鈴木文治が労働運動へ目を向けるきっかけとなった学者で、社会政策学会の指導者でもあった。

これに対して片山は、「現状は主人と奴隷の関係。真の調和のために労働者が旗幟《きし》をあげねばならない」と反論。さらに、「一個人より、社会全体が持った方が良い」と企業国有化にも言及した。

高野がＡＦＬのゴンパースから受けた指導は、労働者の利益を優先した現実的な労働運動で、政治とは一線を画していた。高野は政府に失望すると同時に、労働運動についても時期尚早と感じて、ほどなく運動から去った。一方の片山らはさらに深く社会主義運動に身を投じ、明治三十四年のわが国最初の社会主義政党「社会民主党」（結成即日に禁止された）の創設まで突き進んだ。

他方、誕生ほやほやの組合は、共済活動の失敗（鉄工組合）や「夜業二割増」の規約が実現できない（活版工組合）などで、組合員の失望を買って脱退が相次ぎ、事実上の解散状態に陥った。

そんな状況下での明治三十三年三月十日の「治安警察法」の公布。その第十七条の規定で、労働運動は事実上困難となり、労働争議は全面的に違法とされた。ヨチヨチ歩きの赤ん坊の労働運動の首を締めあげるような治安警察法の公布で、「労働組合期成会」はわずか二年半で立ち消えとなった。

それから十二年後の一九一二（大正元）年に鈴木文治の「友愛会」が創設され、今日の「連合」へとつながる流れとなった。期成会の対立・分裂と友愛会の発足に、日本の労働運動史のその後の原型を見ることができる。

第7話　創設から7年、友愛会は近代的労働組合へ

第1次大戦終結後のパリ講和会議で労働者の権利保護をはじめて調印

鈴木文治も国際労働条約策定に参加、国際的労働基準およびILOが誕生

第一次世界大戦が終結して間もない一九一八（大正七）年十二月三十日、友愛会の鈴木文治はあわただしく横浜出帆の船に乗り込んだ。大戦終結後の講和会議がパリで開催されることが決まり、出兵に協力した各国の労働組合は労働者の要求を講和条約に入れるよう求めた。アメリカ労働総同盟（ＡＦＬ）会長・ゴンパースは、そのためにイギリス、フランス、ベルギーの労働組合を訪ね、講和会議に並行してパリで「万国労働平和会議」開催の準備をしていた。鈴木はその会議に参加すべく、アメリカ経由でパリへ向かったのだった。

年が変わって一九一九年二月十日、鈴木がパリに着いてみると、各国の労組代表は万国労働平和会議ではなく、「国際労働法制委員会」に集まっていた。戸惑った鈴木はゴンパースをホテルに訪ね、各国が労働組合の要求を入れて国際的な労働基準をつくることに同意し、ゴンパースの万国労働平和会議が、講和会議公認の国際労働

パリ講和会議に出発する鈴木文治（最前列左）
友愛労働歴史館提供

法制委員会に切り替えられたことを知った。

しかも、委員会の議長にはゴンパースが指名されていた。ロシア革命の影響でハンガリー、ドイツなどで革命の波が高まり、その他の国々でもストライキが激化、各国は労働者の要求受け入れの決断をしたのだった。

国際労働法制委員会は二月一日から始まっており、日本からは落合謙太郎（オランダ公使）、岡実（前商工局長）が出席していた。鈴木は代表顧問の資格が与えられて出席した。

四月十一日、委員会は平和条約第十三篇「労働」、いわゆる国際労働条約を採択。条項は、そっくりベルサイユ講和条約に組み入れられ、六月二十八日に調印された。現在「ＩＬＯ憲章」と呼ばれているのがそれである。

国際労働条約の第四百二十七条では、「産業に従事する賃金労働者の福祉は最重要な国際事項」とされ、その目的のために「国際連盟と相俟って常設機関を組織する」と規定されていた。常設機関とは言うまでもなく、国際労働機関（ＩＬＯ）である。同年十月にワシントンで第一回総会が開催され、加盟四十三カ国で国際連盟の姉妹機関としてＩＬＯは発足した。

第四百二十七条では、同時に「緊急に必要と認める」ものとして、次の九項目を「労働原則」として掲げた。

①労働は貨物、商品ではないことの基本原則　②被雇用者が合法的に団結する権利　③標準的生活の維持に適当なる賃金　④一日八時間、または一週四十八時間制の採用　⑤日曜日を含めた二十四時間連続の週一回の休息　⑥児童労働の廃止と年少者の教育継続　⑦同一価値労働に対し男

女同額賃金　⑧あらゆる労働者の公平な経済的待遇　⑨婦人監督官を含む労働監督官制度の設置。
この国際労働条約の採択を受けた友愛会の機関誌『労働及産業』六月号は、第一ページ全面を使って労働原則の九項目を紹介、「世界の労働者は、ついに労働者の大憲章《マグナカルタ》を獲得した…生産者の地位はようやく認められてきた。世界の曙《あけぼの》今や迫る」と表現した。

「労働原則」の実現を運動目標に「友愛会」は「労働総同盟」に改称

当時の日本の労働状況は、治安警察法によって労働者の団結権、ストライキ権は事実上封じられ、大正五年に施行された工場法は、女子や十五歳未満の「保護職工」と規定された者でさえ、一日十四時間労働が認められていて、一般労働者にとって「八時間労働」はまさに夢に等しかった。「労働者の大憲章」の表現は決してオーバーではなく、日本の労働組合に運動の目標を示すことになった。

この年、一九一九（大正八）年八月三十日、友愛会は第七周年大会を開いた。この大会で、「友愛会」の名称を「大日本労働総同盟友愛会」と改称することを決定し、発足以来の「会長独裁制」の運営を「理事合議制」とし、地方別の支部組織の職業別、産業別への改組も決めた。三日目の最終日、発足時に決めた「綱領」を廃止し、「宣言」と二十項目の「主張」を新たに採択した。

「宣言」は「…労働者は人格者である。彼はただ賃金相場によって売買せしむべきものではない。彼はまた組合の自由を獲得せねばならぬ。…われら生産者は、かく宣言す。われらは決して機械でないと。われらは…生活の安定と自己の境遇に対する支配権を要求す。…世界は生まれ変わる。…日本の労働者も国際連盟と、その労働規約の精神に生き、…殉教的奮闘を辞するものではないと」。

続く「主張」には、パリの国際労働法制会議が採択した「労働原則」九項目を包含した次の二十項目が並んだ。

①労働非商品の原則 ②労働組合の自由 ③幼年労働者の廃止（十四歳未満）④最低賃金制の確立 ⑤同質労働に対する男女平等賃金制の確立 ⑥日曜日休日（一週一日の休養）⑦八時間労働及び一週四十八時間制度 ⑧夜業禁止 ⑨婦人労働監督官の設置 ⑩労働保険法の実施 ⑪争議仲裁法の発布 ⑫失業防止 ⑬内外労働者の同一待遇 ⑭労働者住宅を公営で改良 ⑮労働賠償制度の確立 ⑯内職労働の改善 ⑰契約労働の廃止 ⑱普通選挙 ⑲治安警察法の改正 ⑳教育制度の民本化。

鈴木文治は自伝『労働運動二十年』で「この大会こそ、友愛会創設以来、最も意義ある大会であった。それは従来の会の組織にも、制度にも態度、精神にも、革命的な変化を与えるものがあったからである」と書いている。

友愛会は発足時の「友誼的、共済的、または研究的団体」の姿から脱皮、みずからを近代的労働組合として確立した。

第8話　労働組合を革命に利用する指導者との対立

無政府主義者《アナーキスト》ら過激派の広がりで友愛会・総同盟に訪れた危機

革命を叫ぶ過激化した労働運動は労働者の生活向上にはつながらず

大正の初期、日本経済は大きく飛躍したが、実質賃金は第一次世界大戦後の恐慌、物価高騰でほとんど伸びず、労働者の生活向上は思わしくなかった。そんななか、労働運動は急速な盛りあがりを見せ、労働争議が激発した。

大正元（一九一二）年に十五人で始まった友愛会は会員二万人を超え、大正八年の創立七周年大会では、「大日本労働総同盟友愛会」と改称して、近代的労働組合へと歩み出した。

そのころの労働組合の状況について、鈴木文治は自著『労働運動二十年』で、「いろいろな花が咲き乱れるというか、多くの花がバラバラになるというか、あるいは荒れ狂う大波がわき出てくるというか…、騒々しく、また離合集散が行われた…」と記述している。

鈴木の表現は文学的だが、現実は深刻だった。労働運動にサンジカリズムが浸透し、アナーキスト（無政府主義者）の大杉栄らの強い影響を受けて、労働組合が革命の前哨部隊であるかのような雰囲気を作り出していたからである。

他方、ロシア革命の影響からボルシェビズムも浸透、双方の対立激化が労働組合に持ち込まれた。

また、明治以来の労働者の念願とされ、活発に盛りあがった「普通選挙の実施」が、大正九（一九二〇）年に議会で葬り去られ、その後の総選挙でも与党・政友会が圧勝した。この結果は労働者の期待を裏切り、失望した労働組合を過激な直接行動に走らせた。

サンジカリズムに傾倒した一部の指導者は、現実的で漸進的な運動はまだるっこいと「直接行動」を叫び、極端で過激な運動に走った。サンジカリズムもボルシェビズムも区別がつかない一般の労働者は、派手に報道される過激な闘争や警官との乱闘を見て、労働組合とはそうしたものと思い込んだ。だが、現実には闘争は惨敗して組織の壊滅、指導者の検挙が相次ぎ、指導者の自己満足に終わるのみで具体的要求の獲得はなく、労働者の生活向上にはつながらなかった。

大正十（一九二一）年の足立鉄工所争議では、解雇手当の支給に応じない工場主に激高、工場に夜間侵入して工場内の機械全部を破壊、事務所にいた工場主を袋叩きにした。襲撃した組合員四十数人は、その夜のうちに警察に検挙された。同じ年の園池製作所争議では、サンジカリズムの特徴的手段とされた経営管理に出たが、会社側は組合員全員を解雇し、警察は指導者を検挙。経営管理は工場に組合旗を立てただけで失敗した。このような行き過ぎた不毛の争議が各地で起きた。

労働組合＝労働者の団結へ還れ！　警鐘もむなしく対立・分裂の道へ

大正十年、友愛会機関誌『労働』の一月号に、「労働組合に還れ」という次のような論文が掲載され、労働組合に大きな波紋を巻き起こした。筆者は友愛会東京連合主事の棚橋小虎だった。

「直接行動とは、警官と小ぜり合いをして、一晩警察に止められたり、禁止の革命歌を高唱して大道を歩くことではあるまい。…こんな貧弱な直接行動を頼りに、労働者にとって大切な労働組合・労働者の団結を捨て去ろうとするのは狂気の沙汰ではないか。…諸君！　急がば廻れだ。警官と格闘する一人の勇士よりも、穏やかな百人の団結した労働組合がどれだけ資本家、権力者にとって恐ろしいか分からないのだ。…だまされるなよ。労働組合へ還れ。それが労働者の王国である」。

論文は、アナーキスト系やボルシェビズムの共産系指導者が、大衆を扇動して急進主義に走らせたり、労働組合が革命の先兵となるのが労働運動だと叫んだりしている当時の状況に対する警鐘であり、痛烈な非難だった。それだけに、論文に対する風当たりも激しかった。

友愛会本部前にて。後列右から２人目が棚橋小虎、左へ１人おいて麻生久。前列右端が松岡駒吉（大正８年）

論文への反感は、総同盟内部にくすぶっていたインテリ排撃論と結びついて、足尾銅山争議の収拾をめぐってアナーキスト系が、反撃の狼煙《のろし》をあげた。足尾争議を指導していた麻生久は、棚橋と同様に東京帝大を卒業して友愛会に入ったインテリ指導者。麻生は物価高騰で苦しい坑夫達の生活を考えて、解雇者の退職金増額、組合の事実上の承認を勝ち取って収拾を決めた。ところが、アナーキストは「麻生は争議を売った。革命化しなかったのは、指導者が労働者を抑えつけたためだ」と、裏切り者呼ばわりした。

さらに七月の友愛会東京連合会の第二回大会では、主導権を握ろうとするアナーキスト系組合が動議を連発し、怒号のなかで傍聴者が議長席に殺到して乱闘を演じるなど、議事は大混乱となった。

議長を務めていた棚橋は混乱の責任をとって議長を辞任したが、さらに後日、友愛会東京連合会の主事辞任に追い込まれた。

友愛会内部での対立は、このほかにも顕在、あるいは潜在化していた。空前の大争議となった神戸の三菱・川崎争議を指導した賀川豊彦の合法主義、非暴力主義を掲げた「賀川イズム」は争議後急速に色を失い、賀川の幹部退陣につながった。わが国初めてのメーデー実施を機に、九労組が大同団結して東京で「労働組合同盟会」が結成されたが、参加組合の過激方針に振り回されたのが原因で、結成一年で友愛会は脱退、分裂した。

順調に育ってきた友愛会・総同盟だったが、重大な危機に直面していた。

サンジカリズム

一九〇〇年前後にフランスで生まれた「労働組合至上主義」思想。政治活動をとおした社会変革を否定し、労働組合の直接行動で資本主義体制を倒す革命を目ざす。無政府主義（アナーキズム）と結びついて過激なアナルコ・サンジカリズムとなった。大正期、一部の組合は無政府主義者の大杉栄の強い影響を受けた。

ボルシェビズム

マルクス主義政党による指導のもとで、労働者・農民の同盟によって革命を達成しようとする社会主義運動思想。一九一七年のロシア革命以降、ソ連から各国に広まった。日本共産党は大正十一（一九二二）年に徳田久一がソ連の会議から帰国後、山川均、堺利彦らに働きかけて秘かに結成された。

第9話　関東大震災の混乱に乗じた官憲による左翼弾圧

「労働組合は理屈ばかり言っていてはだめだ」

大震災の直後、世間を震撼させた「甘粕事件」と「亀戸事件」

大正十二（一九二三）年九月一日午前十一時五十八分、関東大震災の激震が関東地方全域を襲った。各地で火災が町を包み、東京の下町では三日三晩燃え続けた。被災者は百九十万人にのぼり、十万五千余の尊い命が失われた。

混乱に陥った東京に政府は二日、戒厳令を発令したが、そのころから「朝鮮人が襲ってくる」「井戸に毒を入れた」などの流言がまことしやかに飛び交った。怯えた市民らは木刀や竹やりを手に自警団を組織して殺気だった。理由もなく殺害された朝鮮人は少なくなかった。

関東大震災直後の日比谷交差点付近

そんな混乱が醒めやらぬ二十五日、市民はアナーキストの指導者、大杉栄が憲兵隊に殺害されたという、いわゆる「甘粕事件」を朝刊で知ることになる。震災被害で発行停止となった新聞が、ようやく普段並みに戻ったばかりだった。

事件が起きたのは九月十六日のこと。東京憲兵隊麹町分隊長の甘粕正彦大尉が数人の部下に手伝わせて、大杉と内妻の伊藤野枝、それにまだ六歳という、いたいけな甥の橘宗一の三人を憲兵隊駐屯所に連行して殺害、遺体をコモにくるんで憲兵隊裏の古井戸に投げ捨てた。

この報道の半月後の十月十一日、社会主義者がまた殺されたという報道に、市民は再び震撼させられた。事件発生は震災の混乱真っ只中の九月三日。亀戸警察の署内で、純労働組合の平沢計七、南葛労働会の川合義虎らの活動家九人が、軍隊の銃剣で刺殺されたという事件だった。一カ月以上も秘密にされ、十月十日に解禁されて報道された。

平沢は鈴木文治の友愛会を知って浜松から上京、半年で四百人の労働者を組織するほどの活動家だった。友愛会本部に勤めるようになって出版部長、亀戸を中心とした城東連合会代表も務めた。しかし、争議処理をめぐって、関東大会で脱会勧告決議され、大正九年に仲間と脱会して純労働組合を結成し、労働運動の左傾化を狙って、鉄工と機械の各組合の合同などに動いていた。また、南葛労働会は地域労働運動に積極的に関与、その派手な戦闘性で知られた過激な左派系組合だった。

当時の朝日新聞によると、震災の混乱のなか、亀戸署管内で不逞の行為を働く者が多く、警察は近衛騎兵隊の応援で三日までに千三百人を検束。署内はどこも検束者であふれた。そんななか、「検束された社会主義者らは怒号、悪罵を警官に浴びせかけ、官憲の不当を鳴らし、また革命歌を高唱するなど、全く鎮撫不能とみた軍隊は、ついに銃剣を以て左記九名を一時に刺殺するに至った」という。

朝日新聞はこの記事に「亀戸署管内における怪事件」と見出しをつけたように、社会主義者、労働組合員を標的にした連続事件に、人々は官憲によるテロを感じ取っていた。

総同盟は大震災の救援活動を展開、理論だけの運動の脆さに気づく

一方、総同盟は官憲の労働運動に対する直接弾圧は労働運動の正常な発展を妨げ、左翼運動の進出に口実を与えることを恐れた。「亀戸事件」の真相究明に、当時の自由法曹団の弁護士を動員して調査に乗り出した。

また、九日には震災の罹災救援委員会を組織、罹災組合員の調査と、救援金、食糧、衣類などの寄付受付募集を始めた。呼びかけに応えて、まず関東醸造労働組合藤岡支部がうどん、同野田支部が救援金を寄付したのを手始めに、多くの救援金、物品が送られてきた。

一番の問題は失業問題だった。鈴木文治は内相の後藤新平と直接交渉し、船で送られてきた救援物資の陸揚げ作業に三百人が働くことを取り付けた。朝六時半に総同盟本部前に集合した失業組合員は、鈴木を先頭に芝浦埋立地に出かけ、鈴木も率先して荷揚げ作業に従事した。組合員は昼に白米の握り飯にありつき、午後五時に一人一日二円二十銭の手当を受け取って帰った。傘下の組合でも働き口の紹介や、焼跡片づけなどに汗を流した。石川島造船所の組合は、無料浴場を急設して近隣の人からよろこばれた。

鈴木は『労働運動二十年』で震災が労働運動に与えた教訓について、「労働組合は理屈ばかり言っていてはだめだということである」と、基金、共済機関を持つ重要性を強調、「そうでなければ、なにかの場合にひとたまりもなく、モロにつぶされてしまう…。潔癖で独善的な運動では…社会的勢力を築き上げることは不可能」だと述べている。そのうえで、犠牲となった純労働組合と南葛労働会について、「もしこれらの諸君が、もっと社会的に有力な地位、勢力を確立していたら、まさ

かこのような悲惨な運命には陥らずに済んだであろう」と、悔しさをにじませた。

関東大震災の経験から総同盟本部は、より現実的な運動路線を強める。その一方で、大杉栄の殺害で、アナーキズムは急速に凋落《ちょうらく》し、その影響を受けていたサンジカリズム系過激派も衰退した。ところが、それに取って代わるように、ボルシェビズム系の左派が巧妙に勢力を伸ばし始めていた。

第10話 震災後、総同盟は本部主流派と左派との対立が明確化

労働者による革命目ざすボルシェビズムの影響

総同盟「13年全国大会」で〝方向転換〟の草案めぐり対立

関東大震災の甚大な被害と混乱のなかで起きた官憲の陰惨なテロは、労働運動に大きな影響を与えた。

とくにアナーキスト（無政府主義者）・大杉栄の殺害で、サンジカリズム系の過激組合はその後、急速に凋落した。また、露骨なテロの前に、労働組合は左右を問わず、その組織の弱さを思い知らされた。鈴木文治の「労働運動は理屈ばかり言っていてはだめだ」に代表されるように、現実主義への傾斜が強まった。

一方、政府は弾圧政策からの修正を迫られ、一度は葬り去った普通選挙法案の議会提出を声明。合わせて、ＩＬＯ労働代表の選出権を労働組合に与える方針を決定、事実上の組合公認を明らかにした。

総同盟 13 年全国大会・東京（「総同盟 50 年史」第１巻より）

こうした情勢変化を受け、総同盟は大正十三（一九二四）年二月、東京で「十三年全国大会」を開催した。議題の中心は、政府の方針変更に対応するため、「現実主義」への〝方向転換〟とされた。

鈴木は二月一日付の機関誌『労働』に、「労働運動の社会化」と題する一文を掲載して、労働組合の政治闘争化に警鐘を鳴らし、一般大衆の支持と理解を基礎にした運動に戻すよう、次のように訴えた。

「われわれの運動は、われわれ一部の独占物ではない。それは労働大衆に基礎をおくべき運動である。…ひろく一般世論に普及し、諒解されるに至ってこそ、…堅実なる進歩が期待されるものである。もし、わが国の労働運動が依然として旧来の態度を変じないならば、いつまでたっても有志的・空想的・私党的陣容は改まらないだろう」。

鈴木をはじめとする本部の主流派は、これを機会に総同盟を「現実主義」に引き戻そうと考えていた。しかし左派は、「現実主義」を単なる戦術的な転換と捉え、総同盟をボルシェビズム（労働者による革命思想）化して強い戦闘的組織に変えることを企図していた。

ただし、大震災後の情勢から、左派といえども、政府提案を拒否できなかった。

〝同床異夢〟が混在するなかで始まった十三年大会は、宣言草案が「思想的にのみ進んでいた従来の観念的運動は、明らかに誤りであった」と過去の運動を否定している部分に、左派がかみついた。大正十年から十一年にかけての激しい闘争で、労働者の革命意識は大いに高まったと考える左派にとっては、過去の運動の否定は我慢がならなかった。

左派は複数の修正案を相次いで提出、議事はこの審議に長い時間が割かれたが、最終的に妥協が成立、修正案を受け入れた「宣言」は満場の拍手で可決された。

宣言は「改良政策に対する従来の消極的態度は、積極的にこれを利用することに改められなければならぬ。…ブルヂョア議会に依って労働階級の根本的解放を期待する処、いささかもなきは勿論なれども…普選実施後…選挙権を有効に行使…政治上の部分的利益を獲得」する、と改良的政策の利用への方向転換は明示された。しかし、一方で、「改良政策を利用するとも断じて堕落せざる…」や、運動の変化は現実の必要からで「無産階級解放の根本精神については、いささかも変わりなきことを誓明する」と書くなど、宣言が左右の主張の折衷であることは明らかだった。

あくまで革命路線を目ざす左派——分裂を予期させる違いが鮮明に

ここで少し遡って、震災前の大正十一（一九二二）年の共産党機関誌『前衛』八月号に、山川均の論文「無産階級運動の方向転換」が掲載されたことに目を転じよう。

この一年半前の棚橋小虎の論文「労働組合に還れ」と同様、山川論文も大衆から遊離した過激な革命主義を批判して、大衆と密着した運動を主張していた。だが、根本的な違いがあった。棚橋論文が大衆は労働組合員であり、その行動をとおして種々の改良を着実に実現していくという労働組合主義に立っていたのに対し、山川論文は、一段意識の高い革命家が大衆のもとへ戻って、その要求に耳を傾けつつ革命路線を進むことが課題だと主張していた。「第十三年大会」での左派の主張は、山川理論に従った「大衆のなかへ」であって、論文の強い浸透をうかがわせた。山川論文発表の直前には日本共産党が結党されていた。

左派は宣言の「現実主義」への方向転換を基盤にして、アナーキスト系凋落後の総同盟をボルシェビズム化し、共産党の指導に沿って、労働組合を革命のための教育の場にしようとしていた。一方の本部派は、社会改良的な現実主義の「労働組合主義」への復帰だと考えた。方向転換の先に見る情景は、左派と本部派では全く違っていた。

しかも、その二年前の「第十一周年大会」で決定した「新綱領」は、友愛会創立以来の「綱領」を大きく変質させ、階級史観と闘争第一主義のボルシェビズムの主張が中軸になった（注・総同盟の新綱領参照）。それがそのまま存在したのだから、なんとも違和感の残る方向転換だった。両者のズレが、その後次第に拡大するのである。

山川均
　労農派マルクス主義の中心的理論家。日本共産党の結党に参加。戦後は昭和二十六（一九五一）年に社会主義協会を結成。日本社会党左派の理論的指導者として健筆をふるった。

総同盟の「新綱領」

大正十一（一九二二）年十月、大阪で開催した総同盟「第十一周年全国大会」で決定。全三項からなり、第二項で「資本家階級の抑圧、迫害に対し徹底的に闘争せんことを期す」とし、第三項では「労働階級と資本家階級とが両立すべからざることを確信」し「労働階級の完全なる解放と自由平等の新社会の建設を期す」と、階級史観と闘争第一主義に立ったボルシェビズム派の主張で占められた。友愛会以来の綱領の名残は、第一項の、「団結の偉力と相互扶助の組織をもって、経済的福利の増進ならびに知識の啓発を期す」のみだった。

第11話 共産系組合のなだれ込みにより総同盟は分裂

共産党の先鋭分子が総同盟の乗っ取りを画策

総同盟内部で急激に増殖し始めた〝ボルシェビズム〟＝革命思想

「表門でやっとサンジカリズムの大浪をすっかり撃ち払った日本の労働運動が、裏門では早くもボルシェビズムという暴風と大浪の襲撃に遭おうとは、だれが分かっていただろうか」。

大正十四（一九二五）年の総同盟分裂について、鈴木文治は『労働運動二十年』で振り返り、このように率直に述べている。

大正十三年の全国大会で決めた「現実主義」への方向転換宣言が左右の妥協で成立したことは、

前回に書いた。この大会の直後から夏にかけて、関東機械工組合、東京東部合同組合、関東印刷労組、時計工組合、横浜合同労組などの左派組合が雪崩を打って総同盟に加盟してきた。十三年末の組合員数は、一年前に比べて約十万三千人も急増した。

松岡駒吉らは危険を感じて、これらの組合の加盟に反対した。しかし、当時の総同盟関東同盟会の会長、田口亀造が反対を押し切って加盟を承認。この瞬間に、ボルシェビズム化を狙う組合を内部に抱えるという災い、鈴木が言う〝暴風と大浪〟の根が総同盟内部で増殖し始めたのである。

大正十三年十月の関東同盟会大会は、その暴風の皮切りだった。左派は動議を繰り返して議事を妨害、それらがことごとく否決されると議長不信任を動議、それも否決されると代議員二十五人が途中退場してしまった。

関東同盟会の理事会は大会を混乱させた責任を追及し、退場した四組合（東部合同、関東印刷、時計工、横浜合同）と、杉浦啓一（関東機械工）、立松市太郎（同）、渡辺政之助（南葛労働会）ら五人の除名、一人の辞任を総同盟中央委員会に勧告した。

ところが、総同盟中央委員会は妥協案を模索して日時ばかりを費やした。関東同盟会は業を煮やし、単独で辞任勧告の一人も加えた幹部六人の除名を決定してしまった。

総同盟中央委員会は依然として優柔不断のまま、双方に妥協工作を行ったが、結局は不調に終わった。十二月二十日になって、関東同盟会が除名した四組合と関東鉄工組合（のちに除名）の除名自体は認めるとする一方で、五組合は本部預かりとし、総同盟直属の組合集団として取り扱うことを決め、機関紙の発行も認めることにしてしまった。

この決定は、一時の小康の保証に過ぎなかった。同一の地方に二つの連合体を認め、そのうえ機関紙も認めるという決定自体が大きな誤りだった。共産主義の戦術について、十分な知識がなかったことの誤りだったろう。

総同盟から除名された左派組合は「日本労働組合評議会」を結成

五組合はやがて、公然と本性を表してきた。

総同盟本部に近い三田四国町に本拠を構えて、「関東地方評議会」と名乗り、他の組合の加入活動も活発化させた。翌十四年一月十七日からは、機関紙『労働新聞』（半月刊）の発行を始めた。これは、総同盟内部で真っ向から対抗する、二つの連合組織が対立することを意味していた。

こんな異常な状態のなかで、神戸で三月十五日から開かれた「十四年度総同盟大会」は、分裂こそ回避したが、裏では左派幹部除名のうわさが飛び交った。

事実、三月二十七日の中央委員会では、関東同盟会選出の委員が六人の幹部除名案を提出した。これは三分の二の賛成にならなかったが、別の評議員の提案による機関紙『労働新聞』の発行停止と、関東地方評議会の四月十五日までの解散が全会一致で可決された。

関東地方評議会はこれを無視して、「革新同盟」という名称を掲げて、公然と分派活動を展開した。分派活動は、「同志よ、総同盟の堕落を防げ、革新同盟に参加せよ」といった檄文をつくるなど、東西でさらに活発化した。

これを受けて総同盟は、五月十六日に緊急中央委員会を開催、ついに八対二の多数決で一気に二十三組合の除名を決定した。二十三組合には関東同盟会が除名した組合は当然のこと、左派組合のほとんどが網羅されていた。

総同盟を除名された左派組合は、大正十四年五月二十四日、神戸で革新同盟の全国大会を開き、「日本労働組合評議会」を結成した。評議会は綱領で、労働運動の任務を「労働階級の完全なる解放」と規定し、「労働運動によって労働大衆を教育」し、労働階級が「階級意識にもとづく団体行動の訓練」をすることが教育的任務であると明示していた。まさに、労働組合を革命運動の〝学校〟として利用するというボルシェビズム理論、共産党の考えをそのまま反映していた。

こうして、大正十三年大会での、左右妥協による同床異夢の方向転換から始まった総同盟の混乱は、分裂という痛い代償を払って決着した。

当時の内務省社会局の調査によると、分裂後の組織状況は、総同盟二万九千四百六十人、評議会一万七百七十八人だった。友愛会以来の現実主義の立場の幹部は、社会民主主義的思想の未熟ななかで急進思想や共産主義を克服し、組織を守るために、文字どおり身を削る努力を強いられた。

鈴木文治は、「総同盟幹部の気の付かない間に共産党の先鋭分子が総同盟の有力幹部を引き入れ…細胞を植え付け…急進組合を総同盟の組織内に誘導し…総同盟の乗っ取りを画策し、少なくとも…その一隅を奪い取ろうとする策略」だったと、左派組合の戦略を分析して、「会長としての私の重大な手落ち」だったと反省した。

第12話　評議会系は過激スト、総同盟は「団体協約運動」を展開

労使交渉によって労働条件の向上をはかる

労働協約締結、定期的団体交渉開催――健全なる労働運動の原型を構築

総同盟分裂後、除名された評議会系労組が過激なスト戦術を展開するなか、総同盟はストをできるだけ避けて犠牲を少なくし、「団体協約」、いまでいう労働協約を締結して労働組合の公認を勝ち取って、労使交渉による労働条件向上に活動の重点を向けた。

その代表的な団体協約が、大正十五（一九二六）年二月十六日、総同盟の松岡駒吉（関東同盟会会長）と東京製綱との間で結ばれた。

「覚書」

一、東京製綱株式会社従業員は、原則として日本労働総同盟製綱労働組合員たること。
二、東京製綱株式会社は、日本労働総同盟製綱労働組合を公認し、団体交渉権を認むること。
三、労資双方とも一切の労働条件の改善に関しては、一般製綱産業の条件を充分に考慮すること。
四、組合は不良組合員に対して、その責任を負ふこと。
五、会社は出来る限り従業員を優遇し、組合は作業能率の増進に努力すること。

当時、川崎工場で組織されていた総同盟関東合同労組を「製綱労働組合」と改称。総同盟神奈川連合会主事の三木治朗を主事に迎えて全国六工場の組織化に取り組み、十二月十五日には単一組合としての製綱労働組合が正式に発足した。約二千人の従業員がすべて加入した。

団体交渉は当初、工場ごとに不定期に行ったため、労働条件のバラつきが目立った。二年後の昭和三（一九二八）年からは、全社統一の団体交渉を毎年定期的に開き、ここで労働条件を決めることにした。

団体交渉の場は、労使による「労働条件協定委員会」で、第一回協定委員会は昭和三年十二月十七日から開催された。三日間の予備会議には組合提出議案十件、会社提出議案五件がかけられ、提案説明、質疑、討論が行われ、この後の二日間の本会議で仕上げがされた。組合は定期昇給の確立に重点を置いて、期末手当要求など二件を撤回、会社も一件を撤回した。定期昇給は有資格者の半数を対象に、十二月一日付けで男子四銭、女子三銭昇給することになった。会社提案の川崎工場の操短手当廃止は承認された。団交の定期化で、労働協約の本格的運用は順調にスタートした。

労使間の無益な争いがなくなれば産業界の平和と発展が期待できる

第二回協議（一九二九年）は、世界恐慌の発生で不況対策が中心となった。組合は各支部からの要求三十九件を、要求七件、希望案一件、実施促進一件に絞り、平穏に終わった。

不況が深刻さを増した昭和五（一九三〇）年の第三回協議では、議題の中心は会社提案の「定期昇給一カ年延期」「一時間の操業短縮」「時間給割増率を一割へ半減」「皆勤手当廃止」など、労働条件切り下げとなった。交渉は最初から紛糾したが、定期昇給延期を承認する一方、操業短縮は三十分に、割増率は一割五分に、皆勤手当廃止は撤回など、いずれも会社提案の圧縮、または撤回で収拾された。

そのわずか二カ月後の昭和六（一九三一）年一月、会社は人員整理を提案した。「三割の生産制限」を、具体的には「人員整理で一割、時間短縮で二割」行うという内容だった。臨時協議会が三月十二日から開かれたが、組合は「時間短縮は八時間を原則。人員整理は受け入れ難し」という方針で臨んだ。当時は時間払い制で、操業短縮は賃下げを意味した。

交渉は労使双方の修正案を交えて難航に難航を重ね、ようやく五日目に、操業短縮については一時間に圧縮、人員整理については希望退職を含め百九人とすることで落着した。解雇者については組合要求どおり、規定額に日給の六カ月分を上積みして支給することで収拾した。人員整理の数は、会社の当初案を三割削減させることに成功した。

ところが、いざふたを開けてみると、退職希望者が多く、実際の退職者は、協定の人員はもちろん、会社の当初案（百六十五人）をも上回る百八十八人となった。製綱労組はこれについて『団体協約十年』のなかで、「この事実はいかに退職手当に関する協定が、立派であったかを立証するもの」だと記述、組合の自慢をのぞかせた。

しかし、共産系の左派労組などからは、ストライキなしに解雇の承認をしたことに、「御用組合」「ダラ幹」などと、激しい批判が浴びせられた（注）。一方、経営者からは労働協約そのものについて、闘争を目的とする労働組合の公認など「危険な軽挙」だと非難が集中した。

鈴木文治はこれについて、健全な労働運動を理解しない経営者に警鐘を鳴らしたうえで、「我が国の資本家が、進んで堅実な代表的労働組合と労働協約でも結んでいったなら、…産業界の平和ははじめて期待でき、労資間の無益な争いや不和は、必ず最小限に止めることが出来る」（『労働運動二十年』）と主張した。

このような反総同盟派の労組からの糾弾や経営者の批判をよそに、総同盟の「団体協約運動」は着実に進展、協約の締結は大正十三（一九二四）年の五組合、六協約、適用される組合員数四百五人から、昭和十二（一九三七）年には二十五組合、百二十協約、一万七百八十人へと伸長した。

（注）

解雇等の労働問題について、ストなしで解決することには、いまも「組合の風上にも置けない」というような批判が、日本では根強く残っている。しかし、これについて法政大学名誉教授の小池和男氏は、『高品質日本の起源』（二〇一二年「日経・図書文化賞」受賞）で、次のように書いている。

「労働組合は、米英であれ独仏であれ、一部の組合員の解雇を泣く泣く承認し、生産を縮小して、なんとか雇用を守ろうとする。そこで強力な組合ほど人員整理をのみ、その条件すなわち解雇手当、あるいは再雇用の可能性などを交渉する。他方、弱い組合ほど絶望的なストライキであくまで解雇反対を叫び破滅するのである」。

第13話　労働組合としての〝矜持〟が輝く共済活動

〝労働者の生活向上をはかる〟という労働組合本来の活動が着実に前進

「団体協約運動」から発展して共済など多彩な活動に着手

総同盟の方針は、友愛会の時代から一貫して、平和的な交渉によって「団体協約」を結ぶことによって、組合の公認、組合の安定をはかることに置かれてきた。サンジカリズムや共産主義の左派集団を内部から整理したことで、現実的、着実な手段によって労働者の生活向上を実現しようという労働組合本来の活動に、総同盟はいっそう拍車をかけた。

〝方向転換〟の大正十三（一九二四）年、東京の岡部電機と総同盟関東同盟執行委員の土井直作との間で団体協約が締結された。一種のユニオン・ショップ協定だが、土井があたかも、会社との仲を取り持つ「下請人」のような立場で、団体協約としては変則的だった。

しかし、団体協約は年内に「工場委員会制度」に切り替えられ、労使合意でつくられた工場規則の第二条では、「当工場には労働条件、作業方法並びに一般福利増進などの問題を協議・決定する機関として工場委員会を設け、職工は工場委員会規定により、その選挙権、被選挙権を有す」と規定された。

変則的な形でスタートしたが、従業員と会社との信頼関係にもとづくルールに則った運用となって、総同盟としては成功だった。

こうしてスタートした団体協約運動が最も良好に機能したのが、前述の「東京製綱」の例。第十二話では労働条件協定委員会の活動を中心に紹介したが、今回は労働組合がみずから展開した共済活動などの多彩な自主事業を紹介しよう。

賃金、労働時間が労働条件の基本であることは当然のことだが、小池和男（法政大学名誉教授）は、労働組合による共済活動の展開は中堅層の発言を支える重要な基盤となって、それが日本の高品質を生み出したと、著書『高品質日本の起源』で指摘している。

その理由について、①組合脱退などで共済制度が利用できなくなると、暮らしに困ることになるので、結果的に組合の結束を高め、経営に対する発言力を強める　②組合から抜けにくくなれば、職場への定着性が高まり、雇用安定のために競争企業に負けないよう生産の工夫をする必要を強く認識する。生産の工夫は、長期雇用があって本人に志があれば身につけやすい、と述べている。

団体協約が組合員の生活の安定のみならず労働組合運営の根幹に連動し、その会社が生み出す製品の品質にもつながるという指摘だ。

労働組合による共済事業で組合員への手厚い福祉を実現

さて、製綱労働組合の活動で注目されるのは、その共済事業である。昭和九（一九三四）年一月に設立され、組合員のほぼ八〇％が加入していた。掛金は男性が月五十銭、女性二十五銭で、これに組合からの出資金、さらに会社からの拠出金もあった。

給付について、例えば「養老給与金」を見ると、定年退職者に対して加入期間一年未満でも百六十円、後一年ごとに五円増して（女性は半額）、二十年勤続の場合は二百六十円が給付された。ほかに「共済部脱退給与金」もあるので、二十年勤続の場合の給付合計は四百四十円となった。当時の生産労働者賃金が月約六十五円だったので、七カ月分くらいの額といえる。これに、退職金、会社規定の解雇退職手当が当然上積みされた。

病気や死亡に関しては、業務上か否かにかかわらず「死亡給与金」「疾病給与金」があり、二十年勤続の場合で脱退退職金を含めて四百三十円が支払われた。また、「長期疾病給与金」は健康保険の上積みとして六カ月間六十円の療養費が支払われた。

失業に関しては、会社都合解雇の場合に支払われる「失業給与金」があり、不況の場合は会社の解雇退職手当、脱退給与金と合わせて四百三十円となった。平均給与のほぼ半年分くらいをやや上回る。

製綱労組は購買組合も支部単位で運営した。一口十円の出資金で、組合員の八〇％が参加、年間の総売り上げは四十五万七千円余にのぼった。一カ月の一人平均購買額は二十四円にも及び、組合員の生活に密着した存在だった。一番購買が多かったのは米で、川崎、小倉では精米所を運営、玄米を精白して直接供給した。

このほか、金融部、住宅部、納税組合、生命火災保険、食堂部、医療部など多彩な自主事業を運営した。このような事業活動を支える拠点として、労働会館を独自に川崎、小倉、兵庫で建設した。

当時の民間企業大手にも共済制度はあった。それらと製綱労組の共済内容を比較すると、民間大手の給付内容が圧倒的に優位だった。しかし、小池はその著書で、次のような重要な指摘をしている。

製綱労組の場合は共済組合の運営主体は労働者であり、資金の出所も労働側が多く、その配分を決めるのも労働側。企業主体の大手組合の共済活動とは根本的に異なっていた。自分達で自助努力の組織を作り上げていた。

製綱労組の自主活動事業からは、総同盟が重視した労働組合としての「矜持」が、輝いて見えてくる。

第14話　ついに友愛会＝総同盟は労働組合の本流となった

鈴木文治から松岡駒吉へバトンが渡り「労働組合主義」を具体的に実践

労働組織として確固たる基盤を固め〝創業者〟鈴木文治は辞任を表明

大阪で開催された総同盟第十九回大会最終日の昭和五（一九三〇）年十一月四日、友愛会設立から総同盟まで十八年以上も会長として指導してきた鈴木文治が、会長辞任を表明した。突然耳にした鈴木辞任に代議員は動揺、「反対」を叫んで泣き出す者もあったという。

納得しない代議員を前に鈴木は、「労働階級の解放は労働者自身の手でなされなければならないと一貫して考えていた。会長を辞めたからとて諸君と別れるのではない」と説明した。鈴木には、

松岡駒吉

総同盟が労働組織として確固たる基盤を固めたこの大会が、その時期という判断があった。「果実が成熟して木から落ちるように、創業者としての私が創業時代は終わったと信じて、その地位を去ったまで」で、他意はなんらなかったと、『労働運動二十年』で書いている。

後任は、主事兼会計として鈴木を支えてきた松岡駒吉で、衆目が一致していた。松岡は北海道・室蘭の日本製綱所で旋盤工をしていて友愛会に加入、鈴木の要請で上京して、友愛会専従となり、総同盟を労働組合の本流に育て上げた。

しかし、松岡の就任は二年後の昭和七（一九三二）年十一月の第二十一回大会となった。鈴木辞任の納得感が組織に浸透するまでに、それだけの時間を要した。その間、会長は空席とし、松岡が実質的に総指揮を執った。鈴木は二十回大会で顧問に就任した。

さて、二代目会長となる松岡は第二十一回大会で、「健実なる労働組合主義の徹底」を主要テーマに掲げ、その実践に拍車をかけた。そのために、「綱領」と主張を改正し、「健実なる労働組合主義徹底に関する決議」を採択、さらに何年ぶりとなる「宣言」を発表した。

綱領改正は、左派の拡大で大正十一年の改正で入り込んだ階級的史観と闘争第一主義のボルシェビズム派の主張を一掃した。

「労働組合主義」は、総同盟が大正末期から力を入れてきた団体協約締結を軸にした団体交渉、それに共済制度などの自主運営の諸事業、実益のない争議を避け作業能率増進をはかる「産業協力」の一方で、いざというときの闘争力基盤としてスト資金の積立・充実などの要素を集大成した考え方だった。

当時の恐慌下で、左翼的組合は闘争激化主義に走って、なんの成果も手にすることなく組織壊滅を招いていた。「労働組合主義」は、これに対抗して労働者の現実の利益を地道に守る労働運動を目ざした。松岡には東京製綱労働組合での着実な実績の基盤があった。

団体交渉と共済組合については、十二話、十三話で書いたので、これまでふれていない産業協力について、やはり東京製綱労組の例で具体的に見ることにしよう。

労働者の利益を現実的に守るため労働組合から〝産業協力〟を推進

前列左から西尾末広、松岡駒吉、鈴木文治、三木治朗（東京製綱組合長）、後列左から小林藤太郎、福井春次、上垣弥一（いずれも東京製綱労組）

昭和三（一九二八）年の第一回団体交渉では、組合から「技術修練のため職工交換」を提案した。労働者が短期間でも相互に別工場で働けば、技術と能率の向上につながるというのが提案趣旨だったが、「交換期間」で労使の考えが合わず合意に至らなかった。

しかし、第二回団交の「機械器具の考案改良の奨励」の提案は、実施することで合意。大恐慌に直面して人員整理が緊急課題となった第四回団交では、「作業場の修理改造には組合の意見を考慮する」よう申し入れ、会社は「主旨に沿って努力する」と回答した。

正式の団体交渉に限らず、職場の作業員レベルでの提案は多くあった。製綱労組の『団体協約十年』の座談会には、「以前には一人で一台の機械を持っていたのが、私達の研究によって、最近では二台が普通になった」（川崎工場）、「以前は人員配置でもムダが多く、旧式の工具や機械を使っていたのが、組合の要求で改善された」（兵庫工場）、「設備の不備、欠陥等に対して調査し、改善を要する点は直ちに直してもらうようにしている」（川崎工場）といった声が収録されている。

いまでいえば、公式・非公式の〝改善〟だが、このような労働者からの提案や工夫が、戦前の労働組合から発生したことに、小池和男（法政大学名誉教授）は著書『高品質日本の起源』で、「発言する職場」の存在が、品質のすぐれた日本製品と経済大国発展のルーツになったと、高い評価を与えた。

しかし、そのような認識の経営者はごくごく一部で、左派の労働組合からは、労働組合主義は「労資協調」「闘争の放棄」などと批判された。

松岡はこれに対し、昭和六年三月の総同盟機関誌『労働』で「闘争精神の欠如として笑う者があるなら、吾人はむしろ光栄とする」と喝破。そのうえで、労働組合を否認して団結権否認の姿勢で抵抗する資本家に対しては「徹底的に抗争し、如何なる闘争も避けてはならぬ。（それによる犠牲が）如何なる高価なものであっても、正義を求めるものは断じて惜しんではならない」と強調した。いわゆる労資協調とはなんの関連もなかった。

当時は労働組合法も労働基準法もなく、労働組合は法的に認められなかった時代で、現在とは決定的に異なった。松岡の「労働組合主義」の実践は、そんな厳しい情勢の下で労働組合を事実上公認させ、団結権、交渉権を有効に機能させる静かな闘いだった。

松岡による新しい「綱領」
一、我等は同朋相愛の理想に遵ひ、識見の開発、技術の進歩、徳性の涵養を図り以って自己の向上と完成を期す。
一、我等は労働者の自主的組織と訓練により、労働条件の維持改善並に共同福利の増進を期す。
一、我等は国情に立脚し、資本主義の根本的改革を図り以って健全なる新社会の建設を期す。

大正11年綱領では、「資本家階級の抑圧、迫害に対し徹底的に闘争…」（第二項）、「労働者階級と資本家階級とが両立すべからざる…」（第三項）など、階級的思想の字句が入れられたが、それらは一掃された。

新しい綱領では第三項の「資本主義の根本的改革による新社会の建設」を除けば、大正元年の「友愛会」発足当初の綱領に極めて近い形に戻った。

第15話　現実的労働運動の大切さ教えた野田醤油の大争議

7カ月にわたるストライキ闘争は会社側の組合つぶしにより惨敗

封建的経営のもと過酷な労働が続く野田醤油で組合結成、ストライキへ

昭和二（一九二七）年から翌三年にかけ、二百十八日という戦前最長の大ストライキとなった野田醤油の争議は、前話までに紹介した東京製綱のような労使関係とは全く違っていた。労働組合を頑として認めず、むしろ破壊しようとした資本家との激烈、陰惨な闘争だった。

野田の町（千葉県）は徳川時代から醤油醸造で栄え、野田醤油は大正時代に醸造場を統合して、従業員二千人の有力会社となった。しかし、古い封建的制度はそのままで、雇い入れられた者はヒロシキといわれた〝飯場〟に入れられ、粗末な食事と労働条件で働かされた。

そんな会社に労働組合が誕生したのは、大正十（一九二一）年十月。室蘭の日本製綱所で松岡駒吉と旧知で友愛会にも加入した小泉七造が、飯場を行商しながら説いて回って三百人ほどを集めた。大正十二年の最初のストで、賃上げなどで組合が勝利したのに会社は慌て、「組合に入らない」という規約の御用親睦団体をつくって対抗した。しかし、従業員は逆に大挙して組合に加入、十六の工場全部に組合員が行き渡った。総数千四百人に達した組合は、総同盟・関東醸造組合（二千六百人）の有力な野田支部となった。

昭和二年四月、野田支部の賃上げなど六項目の要求を会社は、にべもなく拒否した。支部はスト決行を決めたが、総同盟と関東労働同盟会は、経済恐慌の折からの混乱を懸念して自重を説得、なんとかストは回避した。

ところが七月になって、〝丸三運輸店問題〟が持ち上がった。丸三運輸は原料と製品の運搬を一手に引き受け、従業員百人全員が組合員だった。首根っこを押さえられているような状況に会社は不満で、別会社を設立して、そこに荷扱いを全部移す計画を進めた。仕事が減って生活不安が増したため、支部は保留していた六項目に「団体協約の締結」を加えて要求、九月十六日、一気にストに入った。

松岡駒吉が収拾にこぎつけたものの組合側が払った代償は大きかった

争議の勝敗は、巨額を投じた近代的設備を誇る第十七工場の稼働開始にかかっていた。会社は新鋭工場では組合を締め出す決意で、新採用の従業員三百二十人から、「労組に加入しない」という誓約書を取っていた。

スト突入最初は、争議団がピケで従業員の就労を止めて操業停止に追い込み、優勢に進んだ。しかし会社は、会社の車に従業員を忍ばせて工場に送り込み、東京からヤクザを雇い入れて暴力団を組織、組合員が応戦したら官憲が検挙するという作戦に出た。

町全体が殺気立った雰囲気に包まれた九月下旬、警官隊が第十四工場に突入。争議団がつくっていた竹槍七十四本を押収、争議団長で支部長の小岩井相助ら七人の幹部を検束した。事件を理由に会社は百四十六人を指名解雇、争議団がひるんだすきに、従業員二百人を車で第十七工場に運んで操業を開始、十月には出荷も始めた。

争議団の旗色が次第に悪くなるにつれ、右翼団体の介入、嫌がらせや、商店主らに「罷業工員諸君よ、醒めて工場に帰れ」とビラをまかせるなど、猛烈に争議団切り崩しにかかってきた。しかし、争議団の結束は固く、脱落は少なかった。そこで会社は争議未解決のまま、全従業員の入れ替えを決意。十二月十二日に百四十九人、続いて二十一日には、残り全員の解雇を通告した。

関東同盟会会長の松岡駒吉は、争議の収拾に悩んでいた。全員解雇を受けて、ストには反対だった関東同盟が直接指揮することにした。昭和三（一九二八）年二月、松岡はみずから野田に行って争議団会議を招集、「要求項目の一切を撤回し、争議解決を松岡に白紙一任」することを提案、議論の末、決定した。その足で松岡は、会社に交渉を申し入れた。

交渉は協調会常務理事の添田敬一郎の立ち会いで二月から四回開かれ、四月十九日ようやくまとまった。結果は、「争議団の解散、復職は三百人、解雇者七百三十五人に対する解雇手当四十五万円」という内容。組合の惨敗だった。

この翌二十日午後四時半から、争議団が本部にしていた野田劇場で緊急大会が開かれた。争議団員と家族五千人で立錐の余地もない会場で、交渉経過と解決条件を主事の斎藤健一が報告すると、「なんだその条件は、バカ野郎」と罵声が飛んだ。そこで松岡が立ち上がって、次のように声涙ともに下る演説を行った。

「われわれは七カ月間余にわたって、団結権を死守して闘ってきた…。この解決案を見て、だれ一人激しないものはない。しかし、労働組合運動は艱難《かんなん》と辛苦の歴史だ。われわれは鉄のごとき意志を持ち、牛のごとき忍耐をもって、一歩一歩敵に押し迫らねばならない。第一諸君は、関東労働同盟会の勧告をきかず、敵の情勢を知ることなく、この大罷業を開始したのではないか。願わくば、再び今日の軽率のないよう、慎重な考慮をなすべきである」。

大会は争議団の解団式に移った。松岡の提案で万歳はしないで、一分間の黙とうに代えた。会場では忍び泣く声も聞かれた。

二百十八日間に及んだ野田大争議はこうして幕を閉じた。

関東醸造労組野田支部が払った犠牲は大きく、支部は壊滅した。総同盟もいよいよ現実的労働運動の大事さを、教訓に学んだ。

協調会
大正八（一九一九）年、米騒動の後の労働紛争激化を受け、内務省の要請で、「労資協調」推進機関として設立された半官半民機関。紛争調停や教育、調査の活動などをした。設立に際し鈴木文治は、副会長となる渋沢栄一から協力を求められたが、「労働組合を否定して労資協調はあり得ない」と断った。

第16話　組合破壊が続くなか総同盟・松岡の現実路線は着実に定着

「闘争力を温存し、交渉による平和的解決目ざせ」

岡谷の山一林組製糸所の争議でも労働者が解雇され組合は消滅

野田醤油大争議は、組合組織の壊滅という労働運動にとって最大限の打撃という結果で終わった。労働組合を否認する経営者は野田醤油ばかりではなかった。

諏訪湖に面する長野県岡谷（当時は平野村、現在の岡谷市）は、明治から昭和初期にかけての日本製糸産業の中心地だった。従業員千三百人の有力工場、山一林組製糸工場に、昭和二（一九二七）年八月、全日本製糸労組第十五支部が結成され、その二十九日に嘆願書（そのころ、要求はそう呼ばれていた）を会社に出すことにした。

組合結成以降、従業員に組合を脱退するよう圧力をかけていた会社は、要求の前の二十七日、支部幹部一人を解雇した。

支部は予定を繰り上げて二十八日、賃上げや食事・衛生上の改善に、「労働組合加入の自由を認めてください」「組合員を理由に、解雇や転勤、降格をしないでください」という労働組合公認も求めた七項目の嘆願書を会社に出した。これに対して会社は、組合公認にはなんら答えず、食事、娯楽設備、賃金に関して「鋭意改善を考えているので、組合と関係なく従業員と懇談して希望に沿う」と組合無視の回答をした。組合は三十日午前十時からのストに入った。

支部は事前に「罷業心得」を配布して、「罷業の場合は釜の中の繭を糸に挽いてしまう」「すべての器具は遺漏なきよう掃除する」「工場器具は破壊しない」などを徹底させた。スト時刻になると、従業員は全員、「心得」に従って整然と仕事場を離れ、寄宿舎に引き上げた。

会社はこれに対抗、「三十一日に就業しない者は解雇すると決め、給料を清算するので受け取ること」と通告。女子工員の実家の父母宛てには、「会社は待遇改善要求を認めたのに、組合が女工達をそそのかしてストに入った」と手紙を送った。さらに九月七日には工場閉鎖を宣言、寄宿舎立ち退き、炊事場閉鎖を強行して、工場内を消防団、青年団に警戒させた。

第二工場では十二日、慰安映画の鑑賞が予定されていた。寄宿舎の男女工員五百人全員が町の映画館に出かけたところ、映画館には会社の手が回っていて入場を断られ、やむなく寮に戻ると、門は閉ざされていて、「荷物を取りまとめの方は門衛に申し出てください」と張り紙がしてあった。

立往生した一同に運悪く、土砂降りの雨が襲った。全員がずぶ濡れで争議団本部に駆け込んだが、手狭なため、争議団は社会福祉団体の施設になんとか分散して収容してもらった。その福祉団体経営者に会社はなんと、女子工員を追い出すよう要求した。さすがにこれは断られたが、その後、他の寄宿舎でも女子工員を追い出し、同じように福祉施設で収容してもらうと、そこの立ち退きばかりか、工員の銭湯入浴さえ妨害した。

十五日になると諏訪警察署は、争議団幹部を全員、行政処分執行の理由で検束した。幹部を失った女子工員は平均十七歳と幼く、会社と消防団、青年団、警察が一緒になっての威嚇には無力で、涙ながら郷里に帰されていった。

こうして、岡谷の山一林組製糸所の争議は、極端に頑迷な経営者と官憲の弾圧によって敗北し、全日本製糸労働組合はこの争議の運命とともに、その名を消してしまった。

力の過信と慎重な思慮の欠如から会社の挑戦的作戦に乗ぜられた

昭和二年には、六月から八月の東京大日本紡橋場工場、九月の東洋紡四貫島工場などでも、会社の組合否認からの争議が起き、労働組合は大きな犠牲を払うことになった。

総同盟の「健実な運動」をリードしてきた松岡駒吉には、この状況は極めて深刻に見えた。とくに、結成直後の組合どころか、ある程度の実績を重ねた野田醤油の組合でさえ、組織壊滅に追い込まれたショックは大きかった。

著作をあまり残していない松岡が、野田争議からわずか半年余の十二月に『野田労働大争議』を著したのには、野田大争議を「我国労働運動の将来に対する、貴重なる教訓としたい」という強い思いが込められていた。

野田争議の起因について松岡は、会社の労働組合を破壊しようとする時代逆行の意図に端を発しており、そのために争議が「経済争議としての合理的解決」をすることができず、未曽有の悲惨なものとなった、と断じた。

この争議で組合が支出した総費用は二十九万五千七百八十三円三十二銭にのぼり、会社の出費は三百万円以上だった。当時の男性生産労働者賃金は月六十五円程度だから、いかに労使が莫大な費用を使ったかが分かる。

松岡は、その費用は労使にとって「有害無益の大浪費」で、経営者の頑迷な対応は「労働運動の健全化を著しく阻害し、過激思想が労働者を支配する道を開くことになる」と警告した。同時に、組合に対しても、力の過信、慎重な思慮の欠如から、会社の挑戦的作戦に乗ぜられたと批判した。

金融恐慌が起きた昭和二年は、その後の失業増大などの暗く不安な世相の始まりだった。日本全体では、賃下げ・解雇反対の労働争議がこの年以降増加し、総同盟が関与した争議も中小工場の争議で件数こそ増えたが、参加人員は逆に減少した。松岡が主導した労働組合主義の下で、争議をできるだけ事前に統制し、交渉によって平和的に解決、同時に闘争力を蓄積、温存する現実路線の定着を見ることができる。

第17話　革命的労働運動を否定する労働団体の誕生

労働立法とＩＬＯ条約批准の促進を軸に右派の労働勢力が大同団結

大正十四（一九二五）年の悲劇的な分裂の後、総同盟は松岡駒吉を中心に、「協約締結」と労働組合の公認を目ざす「労働立法促進」運動に力を入れ、健全な労働運動を追求した。対照的に左派組合は、非合法化され地下にもぐった共産党の指令を受けながら、闘争激発の急進的な活動を一層強めた。

総同盟から分裂した左派組合は暴力行為に走り不毛な闘いを展開

総同盟から分裂した左派組合が結成した「日本労働組合評議会」が指導して、大正十四年に三カ月に及んだ共同印刷のストでは、千数百人が解雇され、復職が二百人前後という結果に終わった。翌十五年の日本楽器の争議でも、会社重役や浜松市長宅への襲撃、浜松警察署の焼き打ちなど、争議団の自暴自棄的な暴力行為で浜松市内を騒擾《そうじょう》状態に巻き込んだが、結果は指導者の逮捕と全従業員のほぼ三分の一の解雇（三百五十九人）だけだった。スト突入百五日の闘争でも、具体的な要求の解決はなんらなかった。

左派組合は、資本家すなわち「敵」と闘うことで労働組合は強くなり、労働者階級を「解放」する唯一の道と考え、普通の労働者の生活を無視した不毛の闘争を繰り返した。

健全なる労働組合主義を掲げ「日本労働組合会議」を結成

昭和三（一九二八）年十二月、国際労働機関（ＩＬＯ）事務局長アルベール・トーマが来日した。総同盟はこれを機会に、海員組合、海員協会、海軍労働連盟、官業労働総同盟などと連携してトーマ歓迎の準備を進め、この五団体による「労働立法促進委員会」を組織して、ＩＬＯ条約批准と労働組合法などの労働保護立法の制定促進を始めた。

労働組合法については、当時の浜口内閣が、内務省社会局で立案した法案を昭和四年十二月召集の第五十七議会に提出することを公約していた。労働争議による賠償責任の免責規定を設けた画期的な法案だったが、議会解散で流れ、四月の国会に上程されることになった。ところが、商工会議所や資本家団体のいっせい反対で、上程は再び流れてしまった。

このため労働立法促進委員会は、五万人の請願署名を集めて議会に提出、浜口内閣はようやく昭和五年十二月の第五十九議会に提出することになった。しかし、これにも資本家側は強硬な反対活動で社会局案を骨抜きにし、それが翌六（一九三一）年二月の衆議院に提出された。

労働立法促進委員会は、「労働立法謀殺の元凶を監視せよ」などのビラ二十万枚をまいてデモや演説会を開いて法案に反対した。社民党議員となっていた西尾末広は、「不満であっても、労働組合法が成立することが、組合発展のためには得策」と考え、当時の内相・安達謙蔵と連絡。安達は「組合も資本家も反対でいい。政府がその中を取る形にしよう」という作戦を提案。法案は衆議院本会議を三月十七日に通過した。ところが、これも貴族院に回されてからは審議未了となり、流産させられてしまった。

何度も煮え湯を飲まされて、労働組合は激怒した。その怒りのなかで、やがて労働立法促進委員会加盟の総同盟などの組合から、いわゆる「大右翼」の労働戦線統一の気運が持ち上がった。

これには、海員組合が積極的にあっせんの労をとった。それが功を奏し、労働立法促進委員会加盟六団体と、総同盟からの分裂グループの全国労働組合同盟（全労）などの中間派組合の妥協が成立、同年六月二十五日にゆるやかな懇談会として「日本労働倶楽部」が、まず発足した。これを母体に、さらに翌昭和七（一九三二）年九月二十五日には、十一団体の代議員八十七人が参加して「日本労働組合会議」の結成大会が東京で開かれ、議長・浜田国太郎（海員組合）、副議長・松岡駒吉（総同盟）、書記長兼会計・米窪満亮（海員組合）を選出した。

発足した労働組合会議の傘下組合員は二十八万人を数え、当時の組織労働者総数の約八〇％を占めた。四分五裂の労働界にようやく安定した勢力が誕生した。資本家側はすでに、前年の労働組合法制反対を機に、「全国産業団体連合会」（全産連）を組織しており、それに対抗できる労働団体の発足という意味でも、画期的な統一だった。

組合会議は規約第二条で、参加資格を「健全なる労働組合主義を以て其運動の主義方針と為すもの」と限定した。結成に際しての「宣言」では、「我等は共産主義、ファシズム…に反対すると共に、サンジカリズム乃至《ないし》無政府主義の経済的直接行動礼讃《らいさん》の思想を排し、『健全なる労働組合主義』の大旆《たいはい》を昂揚し、一路その大道を邁進《まいしん》せんとするものである」と主張した。ここで「健全なる労働組合主義」を掲げたことは、総同盟の運動路線を確実にしたものに他ならなかった。

しかしながら、当時の左派の闘争激発、革命的労働組合主義が労働運動だと思い込まれていた状況にあっては、地味な現実的な労働協約運動や健全な労働組合主義は世間の注目を引かなかった。左派組合は、右派組合指導者に対し、「ダラ幹」と批判し、残念ながら、「日本労働組合会議」は当時の労働界を支配する流れにはならなかった。

全国労働組合同盟（全労）

大正十四年の分裂の後、総同盟は第二次（大正十五年）、第三次（昭和四年）と、さらに二度の分裂を経験せざるを得なかった。

第二次分裂は総同盟が目ざした社会民主主義政党の設立をめぐって、人間関係の対立から分裂したグループが「日本労働組合同盟」（組合同盟）をつくった。

第三次分裂は総同盟の大阪連合会の内部で左派勢力が急増し、トーマ事務局長来日に際して、「トーマを追い返せ」運動やＩＬＯ否認の分派活動をして執行部と対立、「労働組合全国同盟」（全国同盟）を結成した。

第二次、第三次分裂で分かれたグループは、左右対立の労働組合情勢のなかで、中間派といわれたが、性格はあいまいだった。この二組織が、昭和五年に合体して「全国労働組合同盟」（全労）となった。

第18話　普通選挙と引き換えに公布された治安維持法

日本の民主主義の夜明けはまだまだ遠かった

昭和３年、宿願の普通選挙により鈴木文治や西尾末広らが当選果たす

だれにでも選挙権が与えられる「普通選挙」の実施は、大正時代をとおして労働者をはじめとする一般民衆の強い願望だった。その実現を求めた普選運動で総同盟は中心的役割を果たし、大正八年前後には東京や大阪で大きく盛りあがった。

鈴木文治は普選運動のデモや演説会にも参加し、尾崎行雄を案内して足尾鉱山まで教宣活動に出かけるほど、熱心に動いた。ところが著作『労働運動二十年』のなかで、「実は初めから普選を盲目的に礼讃するものではなかった」と吐露している。

鈴木はその理由について、労働運動より派手な政治運動は、資金も潤沢で宴会もたびたび開かれ、幹部には堕落の機会も多いと指摘。「運動に身がやせるほど熱中していたら、しまいには元も子もなくして仕舞う…、普選は結構だが、労働運動の本来尽くすべき努めを忘れてはならない」と釘を刺している。普選運動を内部から支配しようとする共産党の動きと距離を置く必要を、鈴木は感じていた。

さて、普通選挙法は大正十四（一九二五）年三月に成立、五月五日に公布された。これを受けて単一無産政党を創設する動きが活発化した。最初は右派と左派の組合の呉越同舟で進んだが、翌大

正十五年三月に発足した左派の「労働農民党（労農党）」が結局、母屋を乗っ取る形となった。

このため総同盟など五団体は労農党から脱退、社会民主主義に立った新党の樹立に動いた。安部磯雄、堀江帰一、吉野作造らの三教授の呼びかけに応える形で、新党結成準備がスタートし、大正十五（一九二六）年十二月五日に「社会民衆党（社民党）」が発足した。委員長に安部磯雄、書記長に片山哲が就任、総同盟からは鈴木文治が中央執行委員に、松岡駒吉、西尾末広が中央委員に、総同盟を離れていた賀川豊彦も中央委員に選出された。

ところがその直後、実力者である麻生久らが「日本労農党（日労党）」創立の計画を明らかにして、総同盟に衝撃が走った。総同盟は麻生のほか「労働組合へ還れ」と主張した棚橋小虎や加藤勘十ら十二人を除名（総同盟第二次分裂）。麻生らは、「日本労働組合同盟（組合同盟）」を結成した。

最初の普通選挙（衆議院選挙）は、公布から三年後の昭和三（一九二八）年二月二十日に行われた。有権者の資格は「二十五歳以上の男子」とされ、女性には選挙権は与えられなかった。

選挙戦には無産政党から労農党四十人、日労党十九人、社民党十三人をはじめ、全体で八十八人が立候補した。非合法の共産党は、公然と候補を立てられないため、徳田球一、山本懸蔵ら十一人が労農党を名乗って立候補した。「労農政府の樹立」を叫び、演説会場で「天皇制の廃止」などのビラをまいて、治安当局を驚かせた。

選挙の結果、当選した無産政党の候補は八人だったが、その内訳は社民党が安部磯雄（東京1区）、西尾末広（大阪3区）、鈴木文治（大阪4区）、亀井貫一郎（福岡1区）の四人を占めた。ほかには労農党二人、日労党一人、九州民憲党一人だった。

当選の垂れ幕を下ろした社民党本部
（昭和３年２月23日付朝日新聞）

当選した西尾は自著『大衆とともに』のなかで、「ここは総同盟大阪連合会の事務所のある所、また大工場の多い地区…、この機会に労働組合主義の宣伝を大いにやろうと…、選挙費用は二千五百円くらい使ったが、（用意したのは）千円だけ。あとは組合員が持ち寄ってくれた。みんな手弁当…、人件費など一切かからなかった」と書いている。

普通選挙の実施は、一般大衆の宿願が実っただけでなく、日本の民主主義にとっての大きな一歩だった。

希代の弾圧法「治安維持法」公布で日本の全体主義・軍国化が加速

しかし、政府は普通選挙の実施と引き換えに、普選法公布前の四月二十二日、希代の弾圧法といわれた「治安維持法」を公布した。

普通選挙法は、力で民衆を抑えつけようとする政策の限界を感じた政府の譲歩だが、その一方、治安維持法は左翼組合・団体の政治運動の活発化、とくに天皇制廃止を叫ぶ共産党勢力など左翼の弾圧を目的としていた。巧みな〝アメとムチ〟だった。

明治時代以来の「治安警察法」と「治安維持法」の二つの弾圧法を手にした治安警察は荒れ狂った。選挙直後の昭和三年三月十五日、当局は共産党とその同調者千百人を検挙（3・15事件）、四月十日には、評議会、労農党、無産青年同盟の左翼三団体は解散させられた。翌四年四月十六日には、さらに全国で八百余人を検挙した。これによって左翼勢力は、壊滅的な打撃を受けた。

治安警察法は昭和四年にはさらに改悪され、「国体を変革し、または私有財産制度を否認」する者に対して、従来は最高十年だった刑罰を、「死刑または無期」と厳罰化した。

こうして日本の全体主義と軍事体制が強められ、労働運動は崩壊への道を強要されることとなった。

日本の選挙制度

日本では、明治二十三（一八九〇）年に帝国議会が開設され、第一回選挙が行われたが、有権者の資格は「二十五歳以上の男性で、直接国税十五円以上納めている者」と、資産家の男子に限られていた。納税額による制限はその後、明治三十五年に十円、大正九年に三円と引き下げられ、昭和三年の選挙で撤廃された。

女性に選挙権が付与されたのは、昭和二十一年四月十日に行われた戦後初めての選挙で「二十歳以上の男女」となってからのこと。この選挙では、女性議員三十九人が一気に誕生した。

第19話　労働運動の拠点として「惟一館」を守り抜く

日本の労働運動の発展を100年間見守り続ける

友愛会発足・活動の拠点である「惟一館」が売却される危機に

平成二十四年七月、「友愛会館」が十六階建ての近代的ビルに生まれ変わった。大正元年の友愛会誕生以来、この場所は百年を超える年月を重ねながら、一貫して労働組合の活動拠点として引き継がれてきた。だが、すんなりと今日まで引き継がれたわけではない。治安維持法が荒れ狂うなか、総同盟は松岡駒吉の掲げる現実的路線の下で、活動拠点を守ることに心を砕いた。この努力がなければ、違う姿になっていただろう。

危機は大正末に襲ってきた。鈴木文治に活動の場を提供したキリスト教ユニテリアンのマコレー師が高齢で米国へ帰国するとともに、教会の日本引き揚げが決められ、「惟一館《ゆいいつ》」が土地建物ごと土地ブローカーの手に渡ってしまった。

これを知った安部磯雄は、「それなら、建物だけはぜひ労働組合に譲ってほしい」と頼んだが、米国のユニテリアン本部は財政事情を理由に聞き入れなかった。一時、平民病院の加藤時次郎が買い取って、それを労働組合に貸すという計画を立てて申し入れた。だが、どの話もすでに手遅れだった。

それからしばらく経って、惟一館の土地建物の所有権が、しっかりした会社の東京土地建物に移ったことが分かった。そんな情報を受けて、買収に動いたのが総同盟関東労働同盟会。昭和三（一九二八）年七月の関東労働同盟会第六回大会で東京鉄工組合から、惟一館の土地建物を買い取って会館を新築するという議案が提案された。

大会では、「争議資金さえ集まらないのに、会館建設などできるのか」「賃金の低い女性は、募金額を低くしてほしい」「男女同一賃金を主張している手前、それはおかしい」などの意見が出たが、会館建設ということでは一致していた。そこで、大会は「募金などの実行方法は委員会で決めることで決議を可決した。

「一合の酒、一個の煙草、一杯のコーヒーを倹約して労働会館を！」

八月にさっそく、松岡を委員長に建設委員会が発足した。第一回会合で、会館の名称は「日本労働会館」とし、三階建て総坪数約五百四十坪の会館を建設するという計画を決定した。そのために関東同盟内部で八万円、一般募金で十万円の計十八万円の資金を集め、内部募金は男性四円以上、女性三円以上とし、二十四カ月以内の月払いとすることも決めた。支出計画では土地買収費五万円、建物建設費十二万円、設備費一万円とした。

建設委員会には東京鉄工組合、中央合同労組、紡織労組など傘下十六組合から委員が選出され、各方面に寄付を呼びかける後援会もできた。これには、当初の鈴木文治、安部磯雄、吉野作造に加え、当人からの申し出で賀川豊彦、新渡戸稲造も名を連ねた。

さっそく趣意書もつくられ、「一合の酒、一個の煙草、一杯のコーヒーを倹約して我等の会館建設を！」と、組織あげて募金活動が繰り広げられた。

このような準備が整って、昭和五（一九三〇）年八月、東京土地建物から四万円で、歴史的な「惟一館」を土地約三百五十一坪ごと買収することに成功、内金三万円を支払って売買契約を取り交わした。

しかし、折しも金融恐慌。世界不況は深刻化し、労働者は工場閉鎖、失業、賃下げに直面していた。そんな状況で必死に募金を始めて三年、集まった総額は三万七千三百五十八円八銭にとどまった。予定の会館新築計画は不可能となり、建設委員会は、惟一館を改修する計画に変更せざるを得なかった。

名実ともに運動の拠点として開館した日本労働会館
（『財団法人日本労働会館 60 年史』より）

こうして、昭和六（一九三一）年九月二十六日、惟一館の玄関をそのまま残した姿で、日本労働会館が開館した。

松岡は開館式のあいさつで、会館は「労働組合の堅実な発展に非常に貢献し、労働者の経済生活、文化生活の向上をもたらす」と、その意義をよろこびとともに語った。

当時、労働組合法はなく、労働組合は法律的に認められておらず、財産を持つことはできなかった。このため、土地建物の管理をする財団法人「日本労働会館」が創設された。財団は同時に、共済事業、教育活動など、今日の労働組合の福祉活動の原型ともいえる事業を行った。

なかでも注目は、病院とアパートの開設というユニークな活動。取得した土地の空き地を利用し、低利融資を受けて一階は病院、二、三階をアパートという三階建ての建物を建設した。その「友愛病院」は内科、外科、小児科、皮膚科、産婦人科を備えた総合病院で、昭和十一年七月にオープンした。健康保険制度のない当時、労働者や貧困者は病気になっても、おいそれと医者にかかれず、病気を重くしがちだったため、大変な福音だった。病院は実費診療を方針とし、年末などには東京市内数カ所で出張診療も実施して反響を呼んだ。

「青雲荘」と名づけたアパートは、全部で三十六室あって、戦時体制が強まるなかでの勤労者の住宅難緩和に一役買った。

また、鈴木文治が始めた労働者教育活動を発展させる形で、修業一カ年、定員七十人の労働学校を昭和七（一九三二）年から開設、労働組合論から政治、経済、文化にわたる幅広い教育を労働者に行った。

惟一（ゆいいつ）館

アメリカから布教のため来日したキリスト教ユニテリアンのクレー・マコレー牧師が明治二十七（一八九四）年に建造。友愛会は大正元（一九一二）年、ここで産声を上げ、総同盟に発展して以降も本部が置かれた。ユニテリアンは自由な宗教思想を重視し、マコレー牧師は当時の日本の正義に燃える青年には大変寛容で、惟一館は労働運動のみならず、明治から大正の社会主義運動の〝揺りかご〟的な存在だった。惟一館に出入りした人物には、自由主義、社会民主主義の福沢諭吉、安部磯雄、吉野作造らから、無政府主義、共産主義の片山潜、幸徳秋水まで幅広かった。

第20話　2・26事件を契機に労働組合への干渉と弾圧が強まる

力を強めた陸軍省は「労働者の団結」を阻止

人心不安を鎮めるという理由で「メーデー禁止」の通牒を発布

昭和十一（一九三六）年二月二十六日の「2・26事件」は、日本中を震撼させ、日本の行く末に強い不安を感じさせた。

この日未明、前夜からの大雪をついて、陸軍の青年将校に指揮された近衛歩兵第三連隊、歩兵第一、第三連隊などの兵士千四百余人が、首相官邸、主要大臣私邸などを襲撃、国会議事堂と首相官邸の周辺を占拠した。斎藤実内大臣、渡辺錠太郎陸軍教育総監は凶弾で即死、高橋是清蔵相は重傷を負って死亡、鈴木貫太郎侍従長は重傷を負った。岡田啓介首相は、義弟が誤って殺害され、偶然にも難を逃れた。

翌朝、東京市に戒厳令が公布され、二十九日には「兵に告ぐ。勅令が発せられたのである…天皇陛下のご命令によって、お前達は皆復帰せよと仰せられたのである…」という有名なラジオ放送とともに、飛行機で投降命令のビラがまかれた。「天皇陛下のご命令」に軍人は逆らえなかった。ほとんどの兵士が投降し、指導していた将校、下士官も逮捕された。首謀した将校の大半は、東京陸軍軍法会議で死刑の判決が下され、青年将校らの革命は失敗した。

労働界にとって2・26事件は、大きな曲がり角となった。「満州事変」（昭和六年）前後から右翼テロが頻発、軍国主義・全体主義が強まるなか、現実的労働運動を実践していた総同盟に直接的な影響はなかった。だが、2・26事件は違った。

事件直後の三月十九日、内務省警保局は各地方長官宛の「集会及び多衆運動の取締方に関する件」と題する通牒で、メーデー禁止を明らかにした。大正九年の第一回メーデー以降、その中心的役割を果たしてきた総同盟にとってメーデー禁止は、なにより大事にしてきた労働者の団結の柱を失うに等しかった。

松岡駒吉らは警視庁労働課、内務省警保局を訪ね、「禁止は不当であり、かえって資本家の横暴を助長させる。いまはむしろ、労資が協調すべきときで、労働運動に対する認識不足も甚だしい」と抗議した。しかし、答えは、「戒厳令下の情勢を見ると、東京のみならず全国的に人心不安が絶えない。当分、メーデーに限らず一切の政治的屋外集会は禁止する」とつれなかった。

松岡らは、「東京におけるメーデー禁止はやむを得ないが、全国的に禁止するのは理由がない」と、内務省を再度訪ね、主張したが、当局の禁止方針は覆らなかった。結局、総同盟が加わる日本労働組合会議は、この年の第十七回メーデーの中止を決めざるを得なかった。

この結果、メーデーは、前年の昭和十年の第十六回を最後に行われなくなった。第十七回メーデーとして復活したのは、敗戦の翌年、昭和二十一（一九四六）年になってからだった。

さらに陸軍省は陸軍工廠労働者の労働組合への加入を禁じた

２・26事件の波紋は、これにとどまらなかった。九月十日、陸軍省は粛軍を理由にして、大阪、名古屋、小倉の三陸軍工廠従業員に対し、労働組合に加入している者は即時脱退し、今後組合に加入しないと誓約書を提出するよう命じた。

陸軍工廠の労働者は官業労働総同盟に組織されていた。官業労働総同盟は、そのころ八千人を超える組織人員を誇り、その主力は三工廠の組合員約五千五百人で、あとは大阪市従業員組合の二千三百人、大阪・名古屋の両煙草従業員組合の四百人だった。賀川豊彦を名誉会長とし、労働組合会議に加盟する穏健な組合だった。それだけに、組合加入の禁止はその他の多くの組合に深刻な衝撃を与えた。

松岡駒吉がこれにも動いた。社会大衆党の書記長・麻生久らと陸軍省に出向いて談判したが、「粛軍の立場からやむを得ない」と答えるばかり。寺内陸軍大臣に至っては「労働組合を諸君の手から取り上げたわけではないのだから、そう角を立てて怒らんでもいいじゃないか」と笑い飛ばす始末だった。

総同盟は日本労働組合会議の名で、次のような声明を出して非難した。「…所属組合より脱退を強要せることは、明らかに憲法により与えられたる結社の自由を蹂躙《じゅうりん》したるものにして、我等は全日本労働階級の名に於いて絶対に反対…、歴史ある労働者の団結は外部よりの弾圧、妨害等により、その枝葉的外観は視野より消滅すると雖《いえど》も、深く労働者の胸中に潜在するその根幹は永久に枯るるものに非ず…」。

団結権を法的に保障する労働組合法もなく、陸軍による政治的支配が強まるという社会情勢にあっては、松岡らの抗議も、陸軍の方針を変えさせることはできなかった。大阪市従組でも組合員が相次いで脱退、煙草組合は解散して、官業労働総同盟は遂に消滅のやむなきに至った。

このように、満州事変以降の戦時体制が強まる情勢の下、労働組合に対する露骨な干渉と弾圧が始まった。そして、昭和十二（一九三七）年の日中戦争へと突入していくのである。

第21話　戦争に突き進む国家に翻弄される労働運動

日中戦争という国家の非常事態に直面し、労働側はスト根絶・産業協力を宣言

高まる軍国主義の下、総同盟と全労は合同して、国家主義労働勢力に対抗

昭和十一（一九三六）年一月十五日、東京・芝の協調会館で、総同盟と全労が合同した「全日本労働総同盟（全総）」の結成大会が行われた。日本共産党につながる評議会グループ分裂後の、第二次、第三次の分裂で総同盟を出たグループが組織した中間派「全労（全国労働組合同盟）」との、いわば復縁だった。

会長には松岡駒吉が就任し、全労の河野密は副会長に収まった。組合員数は十万人とされた。こ

こに、ようやく右派組合の再統一が成った。

そのころまでに、共産党とそれにつながる左派組合は、いずれも結社禁止と検挙という特高警察の厳しい弾圧によって、根絶やしとなっていた。

その一方で、高まる軍国主義の下で、日本主義や国家主義を標榜する国防献金労働協会や日本産業労働クラブなどの労働組合が、相次いで組織されていた。四月十九日には、その中央組織として「愛国労働組合全国懇談会（愛労連）」が発足した。その数は四万八千人といわれた。

国家主義標榜の労働勢力の増大は、労働界に微妙な力関係の緊張をもたらした。さらに、軍国主義、ファッショ化の一層の進行は、友愛会創立以来の労働運動の主軸を自認する総同盟といえども、無関係ではあり得なかった。全労との合同は、国家主義労働勢力の浸透に対抗するための、必然の流れだった。

こんな状況のなか、勃発したのが日中戦争（日華事変）だった。昭和十二（一九三七）年七月七日の夜半、北京近郊の盧溝橋付近で、日本軍と中国軍が衝突した。政府の「不拡大方針」声明にもかかわらず、戦争は次第に拡大の一途をたどった。

全総は「罷業絶滅宣言」を行い、銃後生産力の増進と産業平和に協力

労働運動は日中戦争を境に、極度に低調となった。上半期で千五百件を数えた争議は、下半期には六百件と、半減以下に減少した。ストライキ中だった神戸市電従業員組合は、一週間で壊滅させられ、その上部組織の「交総（日本交通労働総同盟）」は、「労働報公の誠を致し、国家の重責に任

ぜんとする立場」に立って同盟罷業（ストライキ）の絶滅を期すと方向転換した。日中戦争に直面して、合法左派は延命しようと意図して右旋回の方針転換をし、右派組合は産業協力などを鮮明にして、さらに右傾化を強めざるを得なかった。

昭和十二年十月十七、十八の両日、総同盟が主力の「全総」は東京・三田の日本労働会館で十二年の全国大会を開催したが、ここでみずから「罷業絶滅宣言」を行って人々を驚かせた。

その宣言は前段で、総同盟が主張してきた産業協力運動や健実な運動が、ますます重要性を増して来ていると述べた後、「…非常時局の関頭に於て、これが勝敗を決せんとするものは、産業及労働の合理的なる組織であり、生産力の発展を導く労働者の熱情的な協力である。…我等は以上の立場と信念に基き、遠く時難の前途を見きわめつゝ、刻下の急務に応ずるべき大乗的なる労働運動の基準」を示すとして、次の三点を宣言した。

一、我等は今次事変中の労資紛争を挙げて平和と道義の手段に訴へて解決し、進んで全産業に亘り同盟罷業の撲滅を期す。

二、我等は銃後生産力の増進と産業平和を確保するために、官民共同による非常事産業協力委員会の即時設置を期す。

三、我等は現下及将来を貫く労働国策として、労働者団結権の法認並に産業及労働の統制の即時実現を期す。

大会では、労働時間の制限、職業紹介の国営化など例年の議題に並んで、「皇軍将士に対する感謝決議」「出征将士並に遺族慰問基金募金に関する件」も決議された。

さらに翌十三（一九三八）年二月十一日には、「銃後産業協力大会」を開いて、ストライキ、サボタージュ、工場閉鎖のような事態を根絶し、進んで労使協力による銃後生産と能率向上をはかるため、「労資相互に自制協力、以てこれが実践躬行《きゅうこう》を誓ふ」と宣言した。

このように日中戦争の勃発後、ファッショ化が日本全体を覆うなか、労資協調を理念とし、労資紛争の調停をしていた財団法人「協調会」が昭和十三年四月末、「労資関係調整法策要綱」を公表した。その骨子は、①事業者は経営に関する一切の責に任じて従業員の福祉をはかり、従業員は産業の発展に協力し、事業一家・家族親和の精神を昂揚し、国家奉仕のためにそれぞれの職分を全うしなければならない　②そのための機関を設け、事業者と従業員の意志疎通、産業発展、従業員福祉の各種施設を行う、と〝事業一家・産業報国〟の実現の方向を示した内容だった。

この段階では、産報運動を提唱する普通の文書にみえた。これが間もなく、労働組合を抹殺させてしまう運動に発展しようとは、この時点では労働組合自身にも認識はなかったろう。

ファシズム
権力で労働者階級を押さえ、外国に対しては侵略政策を取る帝国主義的な独裁制。ファシズム的な傾向・運動・支配体制をファッショという。

第22話　昭和15年、戦時体制下で労働組合運動は壊滅へ

友愛会創立から28年。全体主義の前に総同盟はみずから「解体」を選択

労働組合を産報運動に吸収しようとする政府の方針めぐり「全総」は分裂へ

「産業報国運動」は日中戦争の拡大化で戦時体制が強まるなか、〝労資一体で生産を上げ国に報いよう〟という精神運動を中心に出発した。ところが昭和十四（一九三九）年に入ってからは、労働組合を産報運動に吸収し、産業報国会に一本化する方向に変化した。これには、精神運動で満足しない軍部と、それに結びついた〝革新官僚〟と呼ばれた国家統制推進派の官僚グループの動きがあった。

政府の方針への対応をめぐって、その二年前に総同盟と全労が合同して発足した「全総（全日本労働総同盟）」に、大きな亀裂が生じた。会長の松岡駒吉、副会長の西尾末広らの旧総同盟系が、産報団体と労働組合の二本建て・併存を主張したのに対し、旧全労系の副会長・河野密らは、全総を解散して労資一体の産業報国クラブをつくることを主張して、抜き差しならない対立となった。

対立は結局、昭和十四年七月二十四日の中央委員会で旧全労系が脱退、分裂にまで行ってしまった。総同盟系は十一月三日に元の「総同盟」に名称を戻し、一方の全労系も同じ日に「産業報国クラブ」を創設した。昭和十一（一九三六）年一月の合同以来、わずか三年半のことだった。

松岡らが労働組合と産報組織の二本建てをあくまで維持することを主張した背景には、労働者の

自主組織である労働組合と経営者との信頼と協力によってこそ、戦時の生産性を上げ増産につなげられるという確信があった。松岡らはこれを、吉田茂厚生大臣（戦後の吉田首相とは別人）ら厚生省へ直接説明しようとしたが、耳を貸してもらえなかった。

それればかりか、総同盟の解散を陰に陽に求める圧力は強まるばかり。「解散しないなら、解散命令を出す」という発言さえ飛び出した。

そんな状況のなかで、総同盟に大きなショックとなる事態が、昭和十五（一九四〇）年五月七日に持ち上がった。安部磯雄、西尾末広、鈴木文治らが総同盟を母体に準備していた新党「勤労国民党」の結社を、内務省が禁止したのだった。

問題の発端は少し遡った二月の議会で、日中戦争の処理について、「十万の兵の命と百数十億円の国費を犠牲にしながら無策ではないか」と、米内光政首相を追及した民政党・斎藤隆夫議員に対し、軍部が「反軍演説」だと懲罰を要求。その懲罰採決に際して社会大衆党内の社民党系の安部、西尾ら十議員が処分に反対、欠席したのが発端。このため、社大党がこのうちの八人を除名したため、安部らが新党の結成に動いていた。

結社禁止に安部は、「事のあまりの意外さに、一時自分の耳を疑ったくらい…」と落胆を隠さなかった。結党を積極的に支持してきた総同盟はもちろん、産報運動に協力してきた東交、東京瓦斯工組合、大阪市電交通局労働組合などの衝撃も大きかった。安部自身も、「共産主義と闘いつつ、人民戦線的傾向と闘ってきた」という自負があったので、穏健な政党の準備にまで弾圧が及ぶとは、よもや考えていなかった。

産業報国運動に労働組合の存在は支障とする政府は総同盟に自発的解消迫る

しかし事態は、全体主義以外は一切許さない、という状況まで進んでいた。二月の国会答弁で厚生省の藤原局長は「産報と労働組合は相容れない。産報運動を普及・徹底することにより、労働組合の必然性が自然に解消していくよう指導する」と発言していた。

松岡の事態改善の努力も、限界だった。昭和十五年七月七日、松岡は総同盟中央委員十七人を招集した。松岡はここで、総同盟の解散を諮《はか》り、次のように状況の説明をした。

「事変(日中戦争)直後、われわれは『争議絶滅』の方針を宣言して産業労働界に貢献したと信ずる。産業報国運動について労働組合の存在が大きな支障だという政府の見解の修正を求め、全国の同志とともに努めてきたが、政府は、もしわれわれが自発的解消をしなければ解散命令を発すると声明するに至ったのである。自分は清く総同盟を解消するか、然らずんば解散を待つか、この二途の一つを択《えら》ばざるを得なくなった…」。

翌八日、総同盟は中央委員会の名で、みずからの「解体」を声明した。その声明にさえも政府は、「…政府の再考を促し、その翻意を求めて今日に至ったのであるが、我等の微力は遂にこれに屈するの外《ほか》なきに至った…」などの部分を、〝不穏箇所〟として削除させた。

七月二十一日、総同盟は東京・芝の日本労働会館で、本部員十七人、各組合代表者百十六人が集まって「全国代表者会議」を開いた。西尾の経過報告に、だれ一人発言する者はなく、ただ沈痛な表情で解散を満場一致で承認した。この議事を、傍聴者六十六人が見守った。

こうして大正元年八月に友愛会が創立されて以降の二十八年の歴史に終止符が打たれた。その一方で、同年十一月二十三日には「大日本産業報国会」が勝ち誇ったように創設され、全国の工場・事業所の労使関係は、産報組織一本の下で官僚統制されるようになった。

産報はそのころまでに、全国のほとんどの企業・事業所に組織された。他方、労働組合は昭和十一（一九三六）年に九百七十三組合・組合員数四十二万五百八十九人（組合員数の戦前のピーク）・組織率六・九％だったが、昭和十五年末には四十九組合・九千四百五十五人・組織率〇・一一％と、文字通り労働組合運動壊滅を示す数字となってしまった。

第23話　15人の友愛会の小さな一歩は40万の労働運動に発展

——戦前の労働運動のまとめ

先人達の勇気と闘いによって手にした「自由にして民主的な労働運動」

総同盟は昭和十五（一九四〇）年七月二十一日、みずから〝解体〟を選択して自主解散した。台頭する軍国主義・全体主義の下で勢いを増す「産業報国運動」と政府の強い解散圧力で、ほとんどの労働組合が産報へ次々と同化していくなかで、松岡駒吉ら総同盟幹部は苦渋の決断を迫られた。

西尾末広は『大衆とともに』のなかで、そのときのギリギリの決断について、次のように書いている。

「…工場の圧迫は厳しくなってくる、組合員の態度は次第に消極的になる…頑張りさえすれば護り通せるというなら、どんなに苦しくともこれをもちこたえねばならぬが、遺憾ながらその見透しは暗い。少数の幹部の意地から頑強に押し切ることは、本人としては本望でも…工場で働いている幹部の立場も考えてみねばならぬ。総同盟が解散を命ぜられた場合、その人々の立場はどうなるのだろうか、むしろこのへんで解散するのはやむを得ないのではないか、私はそういう考えをもつようになった」。

別表「戦前の労働組合と組合員数の推移」を見れば明らかなように、昭和十五年は労働組合数も組合員数も、ものすごい激減となっている。文字通りの〝労働組合壊滅〟の姿を、ここに見ることができる。十八年まで存在する三組合は和歌山県の筏乗り協同組合などで、労働組合としての実態は疑わしい。

しかし同時に、この表の数字と図「戦前の労働組合の流れ」を合わせて眺めていただきたい。大正元（一九一二）年八月一日、鈴木文治を中心にした十五人による「友愛会」発足という〝小さな一歩〟が、最高時には千近い組合と組合員四十万人の労働運動に発展した。この潮流のなかで友愛会がやがて総同盟となり、つねに主流であり続けた。

残念ながら、日本の労働運動は昭和十五年には壊滅を余儀なくされた。しかし、友愛会＝総同盟の運動理念は、戦後の労働戦線統一の成果として発足した「連合」に、「自由にして民主的な労働運動」という言葉で引き継がれた。友愛会が、現在の連合につながる労働運動の〝源流〟と言われるのは、こうした事実からである。

戦前の労働組合と組合員数の推移

年次	労働組合数	労働組合員数	組織率（%）
大正９年	272	—	—
10年	300	103,412	—
11年	389	137,381	—
12年	432	125,551	3.2
13年	469	228,278	5.5
14年	457	254,262	5.6
15年（昭和元年）	488	284,739	6.1
昭和２年	505	309,493	6.5
3年	501	308,900	6.3
4年	630	330,985	6.8
5年	712	354,312	7.5
6年	818	368,975	7.9
7年	932	377,625	7.8
8年	942	384,613	7.5
9年	965	387,964	6.7
10年	993	408,662	6.9
11年	973	420,589	6.9
12年	837	395,290	6.2
13年	731	375,191	5.5
14年	517	365,804	5.3
15年	49	9,455	0.1
16年	11	895	0.0
17年	3	111	0.0
18年	3	155	0.0
19年	0	0	0.0

（注）「改定増補 日本労働運動史」(山崎五郎著）による

戦前の労働組合の流れ

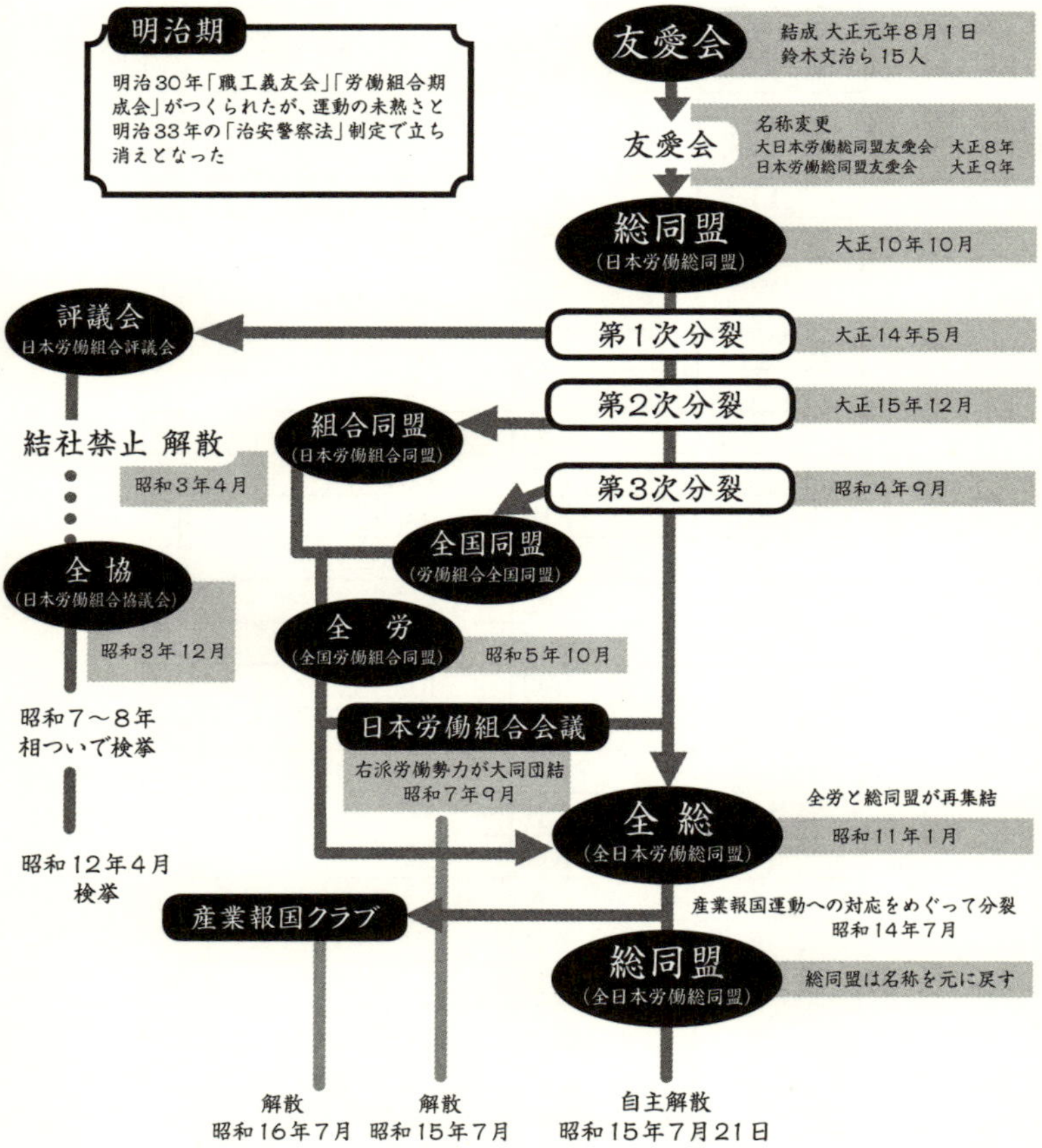
明治期
明治30年「職工義友会」「労働組合期成会」がつくられたが、運動の未熟さと明治33年の「治安警察法」制定で立ち消えとなった
友愛会
結成 大正元年8月1日
鈴木文治ら15人
友愛会
名称変更
大日本労働総同盟友愛会 大正8年
日本労働総同盟友愛会 大正9年
総同盟
(日本労働総同盟)
大正10年10月
第1次分裂
大正14年5月
評議会
日本労働組合評議会
結社禁止 解散
昭和3年4月
第2次分裂
大正15年12月
組合同盟
(日本労働組合同盟)
第3次分裂
昭和4年9月
全国同盟
(労働組合全国同盟)
全 協
(日本労働組合協議会)
昭和3年12月
全 労
(全国労働組合同盟)
昭和5年10月
昭和7～8年
相ついで検挙
日本労働組合会議
右派労働勢力が大同団結
昭和7年9月
全労と総同盟が再集結
全 総
(全日本労働総同盟)
昭和11年1月
昭和12年4月
検挙
産業報国クラブ
産業報国運動への対応をめぐって分裂
昭和14年7月
総同盟
(全日本労働総同盟)
総同盟は名称を元に戻す
解散
昭和16年7月
解散
昭和15年7月
自主解散
昭和15年7月21日

日本の労働運動　戦前の流れ

年　月	労働運動と社会の動き
明治30（1897）年4月	アメリカから帰国した高野房太郎ら「職工義友会」設立。「職工諸君に寄す」と題する檄文発表
7月	「労働組合期成会」設立
12月	東京で「鉄工組合」結成
33（1900）年3月	「治安警察法」制定。第17条の規定で、労働運動は事実上許されず、労働争議は違法に
大正元（1912）年8月	鈴木文治「友愛会」設立、「綱領」など決定
6（1917）年3月	ロシア革命
8（1919）年6月	「ベルサイユ条約」調印
8月	友愛会、「大日本労働総同盟友愛会」と改称、労働組合としての組織体制を整備。ベルサイユ条約の「労働原則（8時間労働など）」を要求の前面に出す
10月	ＩＬＯ設立。川崎造船所で8時間労働実現
9（1920）年5月	日本初のメーデー（東京・上野公園）
10（1921）年1月	棚橋小虎の「労働組合に還れ」発表
6月	三菱・川崎争議。団結権、団体交渉権など要求するが惨敗
10月	友愛会、「日本労働総同盟（総同盟）」と改称
11（1922）年10月	総同盟の内部にサンジカリズムの過激派やボルシェビズムの共産・左派が入り込み左右の対立激化、第11周年大会で過激な階級的思想の「新綱領」を採択
12（1923）年9月	関東大震災。震災の混乱に乗じ大杉栄ら3名を殺害した「甘粕事件」、労働組合活動家10名を殺害した「亀戸事件」発生。両事件で鈴木文治、現実主義の重要性を実感
13（1924）年2月	総同盟、13年大会で「現実主義」へ方向転換。ボルシェビズムの左派と本部派は同床異夢
14（1925）年4月	「治安維持法」公布
5月	「普通選挙法」公布 総同盟第1次分裂（総同盟がボルシェビズムの共産系左派組合を除名、除名組合は「評議会」結成）

年月	労働運動と社会の動き
15（1926）年2月	総同盟、東京製綱と「団体協約」を締結、現実主義運動を推進
12月	総同盟第2次分裂→「組合同盟」結成
昭和2（1927）年9月	金融恐慌発生 野田醤油大争議
3（1928）年2月	「治安警察法」公布。第1回普通選挙実施。鈴木文治、西尾末広ら当選
4（1929）年9月	総同盟、第3次分裂→「全国同盟」結成
5（1930）年6月	組合同盟と全国同盟が「全労」結成
11月	鈴木文治、大会で会長辞任を表明
6（1931）年3月	「労組法」法案、貴族院で流産
9月	満州事変 「日本労働会館」開館
7（1932）年9月	ＩＬＯ事務局長の来日を機に、総同盟など労働立法促進委員会加盟団体と「全労」などが参加して、「日本労働組合会議」結成、方針に「健全なる労働組合主義」掲げる
11月	松岡駒吉、大会で総同盟新会長に選任、新しい「綱領」を制定、「労働組合主義」を実践
11（1936）年1月	総同盟と「全労」が再統一、「全総」結成
2月	2・26事件
3月	メーデー禁止
9月	陸軍省、陸軍工廠従業員の労働組合加入を禁止
12（1937）年7月	日中戦争
10月	全総、大会で「罷業絶滅宣言」
13（1938）年4月	協調会、産業報国運動を提唱
14（1939）年7月	産報運動への対応で全総分裂、「総同盟」の名称復活
9月	第2次世界大戦
15（1940）年7月	「総同盟」、自主解散
11月	「大日本産業報国会」設立

第二章　戦後の民主的労働運動の展開

階級闘争・政治偏向と一線を画す着実なる運動

第24話　戦後、旧総同盟幹部が労働組合再建に動く

「日本の再建はわれわれの双肩にかかっている」

日本はポツダム宣言を受諾、軍国主義から解放され民主主義が兆す

昭和二十（一九四五）年八月十五日正午。ラジオから天皇陛下の声が流れた。

「…朕《ちん》は帝国政府をして米英支蘇四国に対し其の共同宣言を受託する旨通告せしめたり。…堪《た》え難《がた》きを堪え、忍び難きを忍び、もって万世のために太平を開かんと欲す…」。

日本はポツダム宣言を受け入れて無条件降伏、太平洋戦争は終わった。満州事変勃発の昭和六年から十五年近く、日本を覆い続けてきた戦時体制に、ようやく終止符が打たれた。戦争敗北の虚脱感が国民を襲ったが、その一方で、ポツダム宣言は軍国主義除去と民主主義の助長を日本に強く求めており、抑圧からの解放感も広がった。

連合国軍の先遣隊に続いて八月三十日、連合国軍最高司令官ダグラス・マッカーサー元帥が厚木飛行場に降り立った。九月二日、東京湾に停泊した米戦艦「ミズーリ号」で降伏調印が行われ、日本は占領下に置かれた。

十月十一日、戦後の東久邇宮《ひがしくにのみや》内閣の後を引き継いだ幣原《しではら》首相は、新任あいさつにマッカーサーを訪ねた。元帥はポツダム宣言にもとづいて、「人民は、その精神を事実上の奴隷状態に置いた日常

生活に対する官憲的秘密審問から解放され、思想の自由、言論の自由および宗教の自由を抑圧せんとするあらゆる形態の統制から解放されなければならぬ」と見解を表明、「参政権の付与による日本婦人の解放」「労働組合結成の促進」「学校教育の自由主義化」「秘密警察の廃止」「経済組織の民主化」の五項目の改革実施を指示した。

終戦の詔書を発表する「玉音放送」を、西尾末広は定期預金の払い出しに行っていて、住友銀行湊町支店(大阪)で行員に混ざって聞いた。女性行員は声を上げて泣いた。西尾の頬にも涙が流れた。西尾は銀行を出たその足で、旧社会大衆党の同志・水谷長三郎を京都に訪ね、「日本の再建はわれわれの双肩にかかっている。そのためには労働組合と農民組合の大組織、社会主義政党の創立が先決だ」と話し、同意を得た。

翌日朝、西尾の家に訪ねてきた旧総同盟の前田種男に、「われわれ勤労階級が主導力になって日本を再建しなければならない」と話し、いつでも会合を持てるよう関西の旧同志と連絡を取るように頼んだ。そして、十七日夜には東京に向かった。

労働運動再建への期待を一身に受け、いよいよ松岡駒吉が動き出した

十八日朝、品川駅に着くと西尾はすぐに、大井の総同盟前会長・松岡駒吉の家を訪ねた。水谷に話したのと同じ考えを述べ、「僕は社会主義政党をつくることに専念するから、君は労働組合の再建をやってもらいたい」と提案した。しかし、松岡は「もうしばらく様子をみたい」と慎重だった。

松岡の家には、旧総同盟の元主事・原虎一も終戦と同時に訪ねていて、「これからの労働運動の

中心になるのはあなただから、出てください」と説得していた。しかし松岡は「占領軍に命令されてやるような労働運動は嫌だ。われわれがやるには、まず『産報』を解散させなければならぬ」と、あくまで慎重な態度だった。

総同盟自主解散後の五年間、松岡はすべての肩書をはずして自分の信念にのみ生きてきた。どんなに激しい風にも微動だにしない強靭さと、問題を現実的に処理する能力を合わせ持つ松岡には、頑固一徹ながら古武士のような風情が漂い、労働者の信望を集めていた。労働運動の再建へ松岡をかつぎ出す工作が活発化したのは当然だった。

松岡を訪ねた人物のなかには、旧「全評」(全国労働組合評議会)の高野実もいた。全評は加藤勘十、山花秀雄らを指導者とし、結社禁止になった「評議会」から分離したメンバーと、「全労」(全国労働組合同盟)から別れた一派とが合体した左派組合(昭和十二年結社禁止)。高野はそれまでたびたび、松岡をダラ幹呼ばわりして攻撃していた。

九月三十日、大日本産業報国会(産報)は解散し、労働組合再建の障害は除かれた。十月五日には、全国的組合再建の第一号として全日本海員組合が創立大会を開いた。闘争力で名高かった東京交通労働組合(東交)、東京都従業員組合(都従)も九月に再建準備を始めた(いずれも十一月に再建)。

産報の解散で環境が整ってからの、松岡の行動は素早かった。十月二日には、戦前の労働組合関係者に労働組合再建の懇談会開催の招請状を送った。高野の「巨像のような大統一労働同盟をつくろう」という申し入れも受け入れ、全評にも招請状を出した。

松岡が招請した第一回労働組合再建懇談会は十月十日、新橋で関東、関西をはじめ各地の旧指導者約百十余人が出席して行われた。西尾が座長を務め、松岡の経過報告の後、出席者が意見を表明して方針を討議。その結果、①産業復興 ②産業別組合の連合体 ③政党加入の自由 の三原則が確認された。組織結成の中央準備委員会もつくることになり、委員長には松岡駒吉、委員に旧総同盟から西尾末広、金正米吉、土肥直作、原虎一、伊藤卯四郎、旧全評の高野実、山花秀雄、海員組合の小泉秀吉、堀内長英、東交の重森寿治、島上善五郎、都従の坪田利雄ら三十一人が選出された。

同じ日、たまたま共産党の徳田球一ら、獄中にあった政治犯三千人の釈放が行われた。以後の労働運動の波乱を予感させた。

第25話　友愛会創設と同じ8月1日に総同盟を再建

労働運動の再建は戦前の対立のまま総同盟と共産系という二つの流れに

終戦からわずか5カ月後には実質的な全国組織として総同盟が活動を開始

松岡駒吉の招請で、昭和二十（一九四五）年十月十日の「労働組合再建懇談会」に集まったのは、戦前の活動家達だった。離合集散、対立抗争という戦前の経験を知る彼らは、再建した後の労働組合の左派や共産党との関係に懸念を抱いていた。

懇談会の意見交換で、和歌山からの出席者は、「単一労働組合の方針をもって進むことは賛成だが、新しく生まれる共産党や右翼反動に対して、いかなる方針で対応するのか」と発言。東京の出席者は、「政党の分裂によって、労働組合を分裂させない方法をとらなければならない」と発言した。松岡はこれに対して、「健実なる労働組合の組織方針で強力な単一組織をつくれば、それらの発生は防止できると考えている」と答えた。

しかし、徳田球一、志賀義雄らの指導者釈放を契機に党再建を始めた共産党は、早くも同月二十日発行の機関紙『赤旗』第一号で社会党を攻撃し、賀川豊彦、鈴木文治、松岡駒吉、西尾末広、水谷長三郎らを名指しして、「ダラ幹の元締」「政治ゴロの親分」などと罵り始めた。

松岡らの組織づくりは、そんな中傷を無視して、急ピッチで進んだ。再建懇談会は、直ちに「組織結成中央準備委員会」に切り替えられ、「日本労働会館」併設の友愛病院に事務室を借りて、具体的準備活動を開始した。

十一月には綱領草案が決まり、翌昭和二十一（一九四六）年一月十七日には拡大中央委員会が開かれた。ここでは結成大会に提案する綱領、規約、運動方針が決まり、準備委員会を「日本労働組合総同盟」と改め、その名称で直ちに活動に入ることも異議なく決まった。この時点から「日本労働組合総同盟」を名乗って、実質的に全国組織（ナショナルセンター）としての活動を開始した。四月になると、機関紙『労働』の発行も始まった。加盟予定組合の組合員数は準備中の組合も含め、三十二万人にのぼっていた。

しかし、中央委では運動方針原案に異議が出された。原案が「現実に即する運動方針を樹立して、いやしくも遅疑逡巡することなく、頑迷度し難き資本家階級を打倒し、戦線の分裂を策する左翼小児病患者の盲動を封じて戦い進まなければならない」と、政治活動については社会党を中心とする民主勢力の結集に重点を置くとした部分に、青森県代表が、「左翼小児病云々は統一戦線の結集に障害を来す恐れがあるから削除すべきだ」と修正動議を出した。

これに対して委員の渡辺年之助は、「現在共産党の取っている政策は、労働組合の横断的結集を妨害し、あたかも資本家の孤立政策を助長するようなことを行い、いたずらに幹部排撃を事《こと》としている」と答弁、結局は多数決で原案通り決定された。「大きくまとまろう」という松岡の考えから、旧全評の高野らにも呼びかけての新組織づくりだったが、左派との間の微妙な食い違いを表面化させた。

運動方針などに左右の対立を秘めつつも旧総同盟の現実主義的運動の復活果たす

こうして総同盟は昭和二十一（一九四六）年八月一日、三十四年前に友愛会が創設されたのと同じ日に、神田の共立講堂で結成大会を開催して再建された。大会で、綱領、規約なども正式決定された。組合基金の確立、生産復興運動などでは熱心な討議が行われ、旧総同盟の現実主義的運動の復活を思わせた。参加組合数は千六百九十九組合、八十五万五千三百九十九人だった。

運動方針の議事では、旧全評系の左派が労働戦線統一問題で、政党支持の自由、共産党を含む人民戦線の結成、共産党の指導の下に結成準備中の「産別会議」との提携を提案、議論が白熱した。旧総同盟系の右派は、「社会党や総同盟幹部を戦犯呼ばわりする共産党、産別会議とは共同歩調が取れない」と反論、最終的に右派の主張どおりに決着した。

役員選出の選挙でも、左派が加藤勘十や高野らを対立候補に立てて決選投票となった。だが、会長は松岡が、総主事は原虎一がそれぞれ圧勝、左派は定員三人の副会長に、右派の金正米吉、伊藤卯四郎と並んで、重森寿治をかろうじて食い込ませるにとどまった。

一方、総同盟の正式発足からわずか半月余り後の八月十九日、同じ共立講堂で「産別会議」が結成大会を開催した。前年十二月一日の第四回共産党大会で決定した「労働組合に関する決議」にもとづいて、産別会議は共産党の強い指導の下に準備されて来た。産業別の二十一組合、百六十三万千五百四十人が加盟した。

産別会議の結成大会では、各項とも「闘う」で終わる十項目の綱領を採択した。また、運動方針は「労働戦線の統一を促進して民主主義の気運を醸成し…馘首《かくしゅ》反対闘争共同闘争を契機に、これに全人民を捲き込むこと…、これを基礎として民主人民政府をつくらねばならぬ」と、労働者・労働組合の役割を、民主人民政府の樹立に協力し、最終的に民主革命の遂行にあると強調していた。

このように、戦後の労働運動の再建は、戦前を引きずったまま、結局は対立する総同盟と共産党系の二つの流れとなってしまった。

総同盟綱領（結成大会で決定）

一、我々は健全強固なる自主的組織を確立し、以って労働生活諸条件の向上と共同福利の増進を期す
一、我々は技術の練磨、品性の陶冶、識見の開発に努め、以って人格の向上と完成を期す
一、我々は労働の社会的意義を顕揚し、産業民主化の徹底を図り、以って新日本を建設し、進んで世界平和に貢献せんことを期す

第26話　食糧難やインフレのなか、労働組合の結成進む

夢にまで見た「団結権」「団体交渉権」「団体行動権」

占領下で急速に民主化が進められるなか、悲願だった「労働組合法」が施行された

マッカーサー元帥の占領政策の目標は、日本の軍国主義再興の可能性を徹底して奪い去ることにあった。このために、占領政策の初期は、民主化が急速に進められた。

このなかで労働組合の育成は、占領政策で最も重視された。昭和二十（一九四五）年九月に大日本産業報国会が解散し、十月には労働運動を弾圧してきた治安警察法、治安維持法は廃止された。かわって労働組合法案の作成作業が始まり、法案は十二月には議会を通過、翌昭和二十一（一九四六）年三月一日から施行された。戦前は何度議会に提出されても成立しなかった労働組合法が、あっという間に制定された。これによって労働者は初めて、夢にまで見た「団結権」「団体交渉権」「団体行動（争議）権」を法律によって保障された。さらに、この年の十一月に公布された日本国憲法第二十八条でも、この労働三権の保障が明文化された。

敗戦、そして占領下という状況にありながら、職場にはなんとも言えない明るさが漂った。工場は機械設備が荒れ果て、原材料も不足して、まともに生産に従事できない状況だったが、働く人達の気分は皆、自由と解放感にあふれた。戦時下での肉体的、精神的な重荷が除かれたことに加えて、

新橋駅前のヤミ市（昭和 21 年頃）／写真記録『戦後労働運動の軌跡』連合通信社刊より

手にした自由は新鮮で、気分をなんとなく高揚させた。

しかし、そうした明るい解放感は終戦からしばらくの間のことで、長くは続かなかった。深刻な食糧難、住宅難、そして猛烈なインフレ、失業が国民生活を打ち砕き始めた。

都市部の大部分は戦災で家が焼け、住む場所に困って、多くの人は焼け跡に焼け木材や焼けトタンでバラック小屋を建てて雨露をしのいだ。崩れた防空壕で穴倉暮らしの人もいた。駅の地下通路は浮浪生活の人や、親のない浮浪児であふれた。

それ以上に、食糧不足が深刻だった。昭和十八年秋から配給に必要な絶対量が不足していた主食だったが、二十年度の米の収穫は肥料も人手も不足、あげくに台風被害が重なって、明治四十二（一九〇九）年以来の大凶作。外米輸入も追いつかず、都市部では配給の欠配、遅配が常態化した。

警視庁生活課が昭和二十一年六月に、東京都民百三十六世帯を対象に行った調査では、三食とも米食だったのは、会社重役、事業主、医師、商人などの限られた二十世帯しかなかった。残り百十六世帯は一杯盛り切の米食一回か、米粒が泳ぐ雑炊、またはサツマイモなどの代用食だった。人々は米を求めて競って農村に買い出しに出かけたが、思うように手に入らなかった。あとはヤミ米を買うしかなかった。

戦前の抑圧から解放された労働組合は生活困窮への不満をストライキに訴えた

そんな飢餓同然の国民生活を、秋ごろから猛烈なインフレが襲った。東京の小売物価指数の総平均は、終戦からわずか一年で七倍以上に上がった。とくに食料品は八倍の暴騰だった。生活は微塵に打ち砕かれた。こんな危機に直面した労働者が、それを突破して、みずからの生活を守るには、組合をつくってストライキに訴えることだと気づくのに、そう時間はかからなかった。占領軍の政策は安心の支えとなった。「もう官憲の弾圧はない」と、禁じられていた組合をつくり、会社に要求し、ストをしても制約がなくなったという実感は、全国に波状的に広がった。

単位労働組合と組合員数の増加
（各月末現在）

年　月	組合数	組合員数
昭和 20 年 8 月	0	0
9 月	2	1,077
10 月	9	5,072
11 月	75	68,530
12 月	509	385,677
昭和 21 年 1 月	1,517	902,751
2 月	3,243	1,537,606
3 月	6,538	2,568,513
4 月	8,531	3,023,979
5 月	10,541	3,414,699
6 月	12,007	3,681,017
7 月	12,923	3,814,711
8 月	13,341	3,875,272
9 月	14,667	4,122,209
10 月	15,172	4,168,305
11 月	16,171	4,296,589
12 月	17,265	4,849,329

資料：大河内一男「戦後日本の労働運動」

別表で分かるように、昭和二十年十月ごろから始まった労働組合結成は、十二月から翌年一月にかけて爆発的に増加、ほとんどすべての企業、事業所に組合が結成された。これに呼応して争議も急増し、二十年九月以降でさえ二百五十六件を数え、二十一年には九百二十件に跳ね上がった。これらはほとんど、争議を契機に組合を結成したとか、組合結成して即要求、そして争議へと展開した。要求の比重は圧倒的に賃金増額で、それも「五倍増」「七倍増」という要求。争議手段は、ストはもちろん、生産管理などの手荒なものが多くを占めた。激しい争議には、戦時中の抑圧、酷使に加え、経営者の生産サボに対する批判、反感、さらに政府の政策への不信が入り混じっていた。

全繊同盟（現UAゼンセン）は、再建された「日本労働総同盟」結成大会の前日、昭和二十一年七月三十一日に東京で結成された（会長・松岡駒吉）が、その参加組合も、ほとんどが同二十一年一月から八月にかけて誕生した組合だった。

『全繊同盟史』第一巻には、生活の苦しさを「なんとかしなくては」と、休憩時間に集まって相談しているところに会社幹部が通りかかり、そのたびに柱や机の下に隠れたりしたなど、小泉製麻労組の結成時の苦労や逸話が紹介されている。戦前の恐怖の記憶がまだ強かったことを物語っている。また、要求の仕方や大会の運び方を旧総同盟幹部から教えてもらったという別の組合の話もある。共産党の指導を受ける産別会議からのさまざまな妨害や、結成された組合が産別会議系で生産管理闘争を展開、それに対する批判を高めて健全な組合を結成し直した例も紹介されている。

生きるための組合結成だった。その背後には先輩達の苦闘の汗が隠されている。

第27話　困窮する労働者に共産党が浸透し、争議は過激化

食糧難やインフレから争議が多発、共産党が提唱した生産管理闘争が拡大

使用者から生産管理の権限を取り上げる過激な戦術が全国の職場に広がった

インフレと食糧事情の悪化は、組合結成即争議に突入か、争議の過程で組合結成という極めて切迫した状況を生んだ。戦術では生産管理（業務管理）などの過激な手段が全国に広がり、暴力行為も多く伴った。背景には、なによりも飢餓に国民が直面しているという経済的背景があり、加えて、敗戦による経営者の自信喪失、労働者の労使関係の未熟さ、連合国軍（ＧＨＱ）の労働保護政策の影響から政府が労働政策を打ち出せなかったということがあった。

見逃せないのは共産党の指導の浸透である。生産管理戦術は、当時共産党が提唱した「重要産業の国営、人民管理」の延長線にあり、「人民の手による生産復興」の一環だった。共産党は昭和二十年十一月七日付の機関紙『アカハタ』に袴田里見の論文を掲載、工場委員会の任務は労働条件改悪にストや争議を起こすだけではなく、「さらに一歩進んだ強力な発言権と実行権とを以て工場管理に参加」することであり、資本家が生産サボをするなら「一時的に工場管理を行わねばならぬ」と述べていた。

生産管理の始まりは終戦の年の昭和二十年十月の読売争議で、これを起点に各産業や全国に波及

ストライキと生産管理の発生状況

年　月	同盟罷業		生産管理	
	件数	参加人員	件数	参加人員
昭和 20 年 9 月	2	813		
10 月	16	9,406	1	2,000
11 月	21	11,558		
12 月	33	9,595	4	6,674
昭和 21 年 1 月	27	6,142	13	29,029
2 月	23	6,523	20	15,806
3 月	32	48,521	39	20,651
4 月	30	14,762	53	34,815
5 月	42	9,047	56	38,847
6 月	29	6,735	44	18,056
7 月	48	14,721	25	2,478
8 月	61	24,054	28	23,245
9 月	39	81,368	37	22,390
10 月	104	188,958	35	9,138
11 月	89	76,663	24	7,663
12 月	65	61,361	26	8,566

資料：労働省編「資料労働運動史」（昭和20～21年）

した。その増加ぶりは別表のとおりだが、二十一年三月から六月にかけてはストライキを件数で上回り、生産管理があたかも、ストライキに取って代わったような様相を見せた。

読売新聞では十月二十三日、本社で全従業員大会を開き、社内の戦争責任を明らかにするため、社長、副社長以下の全重役、全局長の退陣を決議。これを正力松太郎社長に要求するとともに、読売新聞従業員組合の結成を決議した。

翌二十四日、従業員代表が正力と会見して要求書を提出したが、正力はこれを全面的に拒否するとともに、論説委員で組合委員長の鈴木東民ら五人に退社を命じた。このため従業員側は二十五日に従業員代表による編集委員会を開いて、今後は読売新聞を「全社員の結束によって紙面製作を継続する」と決め、わが国初の業務管理が争議戦術として始まった。以降の紙面編集は、編集委員会の手に握られ、会社の編集権行使は排除された。

争議はその後、ＧＨＱが正力を戦争犯罪容疑者として逮捕、巣鴨刑務所に収監したことで急転回

戦後初の生産管理闘争となった読売争議（昭和20年10月）。その後、全国へと波及した（「写真記録 戦後労働運動の軌跡」より）

し、正力の社長辞任、会社組織の改組、経営協議会の設置などを骨子とする協定覚書を十二月二十一日に承認して解決した。この調停は東京都が構成した調停委員会が進めたが、当初、都が委嘱した渡辺年之助ら総同盟系の三人を争議団が拒否。改めて争議団推薦の共産党の徳田球一、朝日従業員組合委員長の聴濤克己、社会党の鈴木茂三郎が労働側委員になって行われた。

読売に続いて京成電鉄では、十二月十一日から京成労働組合が賃金五倍値上げなどを要求して業務管理に突入、鉄道とバスの全路線の〝ただ乗せ〟運転を三日間行い、その後は運賃収入を組合長名義の口座で管理した。二十八日に五十人の争議団員が本社に押しかけ、担当の大川重役ら三人を争議団本部に連れて来て、争議団員が取り囲んで徹夜で追及。くたくたになった大川重役らが二十九日未明になって、要求を全面的に承認させられて争議は解決した。

総同盟は暴力的な生産管理戦術より労働協約締結・経営協議会参加を重視

日本鋼管鶴見製鉄所でも組合員二千人の労働組合が結成され、待遇改善などを要求して生産管理に入った。組合は管理委員会を組織して、生産手段の一切を組合側が掌握した。缶詰、塩、軍手などの福利厚生物資の無断配給を行い、戦災者住宅の建築業者と新規契約してブリキなどの薄鉄板の無断売却や、圧延の薄ものの生産計画を厚ものに変更するなどもした。

組合側は昭和二十一年一月二十六日早朝、組合員千六百人が日本橋の本社に鉄板を叩きながらデモ。社長との面談を要求してもみ合った後、最後に本社ビル屋上で浅野良三社長を取り囲んで、すべての要求を無条件で認めさせた。

労働組合の生産管理戦術は、使用者の所有権侵害という法的問題もあり、多くは暴行、脅迫などの暴力的行為も伴った。このため政府は二月一日の閣議で、「かかる違法、不当なる行動に対しては、政府においても、これを看過することなく断固処断せざるを得ない」との、内務・司法・商工・厚生の四大臣連名の四相声明を決定、発表した。

四相声明に対して、各組合は一斉に「四大臣声明は労働者の争議を弾圧し、罷業権を抹殺せんとする意図が明瞭」（関東金属産業労働組合）などと反対・抗議の態度を表明した。

そのなかで松岡駒吉は、「現在の争議において不法行為が多々あることは日常耳にする…。かくては我々の正当な要求が不法の烙印を押され、反動的に労働者の抑圧する側に云い分を与えることになることを最もおそれる」と、政府の態度に理解を示す談話を発表した。

総同盟は一月の中央委員会で、生産管理戦術について「労働階級の生産意欲より出たもので、これを全面的に非合法だと断定するのは労働組合の弾圧を企図するものだ」と理解を示しつつも、この戦術をとらないとする立場を明らかにしていた。総同盟としては、前年に採択した「労働協約要綱」にもとづく経営協議会への積極的参加を重視していた。

第28話　労働者の生活困窮を共産党・産別会議が政治ゼネストに利用

労働攻勢の真の目的は、吉田内閣の打倒にあった

国鉄、海員のゼネスト勝利に勢いを得て産別会議は「10月労働攻勢」を計画

生産管理闘争はやがて、労組による原料調達や製品販売などの制約から下火になって、次に共産党、産別会議が力を入れたのはゼネスト方式の「労働攻勢」だった。産別会議は労働者の生活困窮、企業の人員整理などの情勢を利用して、昭和二十一（一九四六）年八月から十月にかけて、政治色の強い大規模攻勢を計画した。

その前段の八、九月攻勢は、国鉄と海員がその中心となった。終戦で過剰人員を抱えた国鉄当局は七月末、七万五千人の大量解雇の同意を組合に求めたが、組合は拒否。九月十五日からの二十四時間ゼネストを宣言した。労使交渉は最後まで緊迫して、ゼネスト突入前日の九月十四日、当局が人員整理を全面的に撤回して回避された。

一方、日本の保有船舶は戦後、大戦前の六分の一に激減、船舶運営会は六万人の大量解雇を計画した。これに反発した海員組合は九月十日に大型船三百四十九隻、十一日には四百八十二隻の停船ストを実施した。船員中労委が調停に乗り出し、「首切りは行わず、協議会を設けて公正に解決する」など、組合側に有利な条件で解決した。

国鉄、海員争議の大きな勝利に勢いを得た産別会議は、次に大規模な「十月労働攻勢」に打って出た。基本スローガンに「クビキリ絶対反対、完全雇用の実現」「生産復興は人民の手で」「吉田クビキリ内閣即時打倒」などを掲げ、十月一日の東芝労組のストライキを皮切りに、新聞通信放送、全炭、映画演劇、印刷出版、電産、全機器、全電工、全日化、全食糧、日教労、全日本医療、全逓、全国車両、国際通信などが波状的に闘争に入った。産別会議の発表によると、十月三十一日現在で十三単産の五十六万千九百五十六人が参加、主要な産業がストップした。

このうち最も注目を集めたのは電産労協の争議で、組合は生活費を基準にした最低賃金制の確立を要求。十月八日の交渉決裂後は、十九日から「五分停電スト」、主要工場の「午前中停電」を繰り返した。政府要請で中労委が調停に乗り出し、十一月三十日にようやく解決した。この結果、「電産型」といわれる生活給中心の賃金体系を生み出した。電産型賃金は科学的に賃金を検討する転機となり、以後の日本の賃金形態に大きな影響を与えた。

電産の停電スト／労働省編『資料労働運動史』（昭和20～21年）より

共産党は組合内部に巧みに入り込みストライキを指導、拡大をはかった

ところで、産別会議が計画した二十一年の一連の労働攻勢は、不思議なことに、前段のゼネスト

の国鉄総連も海員組合も、産別会議にはもちろん、総同盟にも加盟していなかった（国鉄では東京地方労組だけが産別会議に加盟）。それがどうしてゼネストの主役となったのか…。

それは、組合内部の左派分子が産別会議と連絡し合い、巧みに組織決定に影響を与えた結果だった。海員組合の争議では、執行部と別にできた闘争委員会を共産党活動家の組織部長が握って、独断で共闘委員会への参加を決めた。

また、各産別組織をヨコにつなぐ「共同闘争委員会」とは別に、産別会議を頂点にして傘下の各組合闘争組織をタテにつなぐ「闘争委員会」を組織、さらに、「ゼネストを解くときは、産別内の最高闘争委員会にはかり、単位組合が勝手に行動しないこと」と、臨時執行委員会で確認していた。

これを盾に、国鉄総連の闘争委員会が解雇撤回の協定案を一旦、十七対六票で妥結採決したにもかかわらず、産別会議はそれを覆そうとした。支援と称して集まった産別会議系組合員が、当局との交渉から帰った総連代表団を取り囲んで吊るし上げ、産別会議議長で最高闘争委員長の聴濤克巳が、みずから共闘委員会メンバーを連れて総連本部になだれ込み、「共闘を無視して単独で妥結するのか」「敵前逃亡だ」「食い逃げだ」などと叫んで圧力をかけた。

国鉄スト収拾のあと、読売新聞は「日本共産党に問う」と題した社説を掲載、「国鉄争議には最初から二本の線が入り混じっていた。…整理案による馘首を食い止めるための国鉄総連それ自身の争議方針と、この争議を大罷業に発展させて吉田内閣を倒そうとする共産党の争議方針とである」と分析、産別会議のあからさまな介入を「組合デモクラシーの破壊などという生易しい言葉では表現できない組合運動の蹂躙《じゅうりん》である」と批判した。

「十月攻勢」を頂点とするゼネスト攻勢に対しては政治ゼネストではないかという批判が各方面から出て、共産党は「経済的要求のストライキで、争議を悪化させる責任は政府にある」との声明を出し、産別会議も同じ主張をした。しかし、一般には政治ゼネストだという批判が集中した。総同盟は十月十二日、「現在、産別会議の指導者が企図しつつある政治ゼネストによって、政府を倒し、政権を奪取するという暴力革命的手段には与しない」と声明した。総同盟は、八月にすでに国鉄の解雇闘争を支持しながらも、「ゼネスト計画は占領下における治安と現下の各種情勢に鑑み、妥当な争議手段とは認め難い」と声明、ゼネストには一線を引いていた。

第29話　2・1ゼネストの挫折、戦後労働運動は曲がり角を迎えた

労働者の困窮と共産党の人民政府樹立の動きが頂点に

「10月攻勢」の成果に勢いを得た全官公労協の賃上げ要求が発端に

「…このたびの争議に関し、いまマッカーサー連合国軍最高司令官より命令を受けました。…よく聞いてください。マッカーサー連合国軍最高司令官は二月一日のゼネラルストライキを禁止されました。このラジオ放送によって、明日のゼネストは極力防止するよう各組合では万全の努力を尽

くしてください」。

全官公庁共同闘争委員会議長・伊井弥四郎の声がラジオで全国に流れ始めたのは、昭和二十二（一九四七）年一月三十一日午後九時二十一分だった。公務員を中心に二百六十万人の労働者が参加する空前の「2・1ゼネスト」は、翌日午前零時からの突入直前に、このように中止された。占領下の日本では、マッカーサー連合国軍最高司令官の命令は絶対。伊井は最後に、「一歩退却、二歩前進という言葉を思い出します…労働者、農民、バンザイ、われわれは団結せねばならない」と叫んで放送を結んだ。

2・1ゼネストの中止を発表する全官公庁共闘の伊井議長（昭和22年1月31日）／『写真記録・戦後労働運動の軌跡』より

争議の発端は、二十一（一九四六）年六月、全官公労協が政府へ、「臨時応急の措置として家族一人百円増給」という経済的要求を提出したことだった。当時の公務・官業労働者の賃金は六百円そこそこで、民間企業にははるかに及ばなかった。

だが、政府は具体的回答を渋り続けた。そこで、十一月二十六日に全官公庁共同闘争委員会（全共闘）を設置（議長に国鉄総連中執の伊井弥四郎が就任）し、十二月初めに共同闘争宣言をして、各組合の要求をまとめた共同要求を総理大臣に提出した。並行していた「十月攻勢」で、大量解雇の撤回や電産の「電産型賃金」など、大きな成果をあげたことが強い刺激となっていた。しかし、交渉は進まず、政府は越年資金一人平均千円を支給しただけで、争議の解決は年を越した。

そんななか、明けて昭和二十二年正月の吉田首相の「年頭の辞」が、労働組合をいたく刺激した。「労働争議、ストライキ、ゼネストを頻発せしめ、いわゆる労働攻勢、波状攻勢などと称して市中にはデモを行い、人心を刺激し、社会不安を激発せしめて敢えて顧みざる者のある」ことを心外に堪えぬと労働運動を真っ向から非難して、これを「不逞《ふてい》の輩《やから》」と呼んだのだった。

労働組合に広がった怒りを背景に、全官公庁共闘は一月十一日、「ゼネスト態勢確立大会」を開催、「年頭の辞取消・撤廃」も加えた第二次共同要求を提出した。労働者の要求を捉えては政治闘争化し、民主人民政府樹立を狙っていた共産党には、いよいよチャンス到来と映った。

空前のゼネストが急遽中止となり革命前夜の雰囲気は一気にしぼんだ

ところで、野党の間では前年から、内閣打倒運動が活発化しており、十二月十七日に開かれた内閣打倒国民大会で共産党書記長・徳田球一は、「デモだけでは内閣はつぶれない。労働者大衆はストライキをもって、農民・市民は大衆闘争をもって、断固内閣打倒のために闘わなければならない」と演説していた。

このあと労働組合も参加した「倒閣実行委員会」がつくられ、メンバーには高野実（総同盟）、細谷松太（産別会議）、加藤勘十（社会党）、伊藤律（共産党）らが加わった。その具体的行動として全官公庁共闘支援のため、民間労組も含めた全面的共闘組織の「全国労働組合共同闘争委員会」（全闘）結成が申し合わされ、共産党が考える方向で進んだ。総同盟の原虎一は、「全闘に組合以外の社会、共産党を入れる必要はない」と伊藤律と激論したが、多数意見に押しやられた。

そんな動きのなかの「不逞の輩」発言だったから、一月十五日には「全闘」が結成され、十八日には全官公庁共闘がストライキ決行宣言大会を開催、「二月一日午前零時を期してゼネストに突入する」とスト宣言を発表、あっという間にゼネスト態勢ができた。全闘参加組合は五十四団体に膨らみ、スト宣言を受けて民間労組も相次いでスト決議や指令を行った。

事態の重大さに中労委は独自に調停に乗り出し、二十八日には暫定措置として平均月収千二百円の調停案を示したが、共闘側はこれも拒否。三十一日未明の最後の調停も決裂、ゼネスト突入は必至の情勢となった。

一方、総司令部は従来の静観の態度を捨て、一月二十二日にマーカット経済科学局長が伊井らの全共闘代表を呼び、「勤労者の権利は認めているが、一般作業の停止によって国家的災害を促進するがごとき、労働団体の共同行動を許さないであろう」と勧告した。総司令部はその後も何回か、伊井らを呼んで、「勧告を命令として出す」と命じたが、伊井は最後まで応じなかった。

異常な緊張のなかで、ゼネスト前日の三十一日を迎えた。マッカーサー元帥は午後二時三十分、「…余は現下の困窮かつ衰弱せる日本の状態において、かくの如き致命的な社会的武器を行使することを許容しない。したがって、かような行為を助長することを断念するよう彼らに指令した。…」との声明を発表。さらに、マーカット局長が午後五時半に、伊井をはじめ各組合委員長を総司令部に呼び、ゼネスト中止の命令を正式に下した。

伊井と、土橋（全逓）、鈴木（国労）両委員長の三人は、ラジオをつうじてスト中止指令を放送するよう強制され、伊井は夜九時二十分、しぶしぶ、NHKのマイクの前に座った。

「2・1ゼネスト」はこうして挫折、全国にみなぎった革命前夜の雰囲気も一気にしぼんだ。「2・1ゼネスト」はその後、さまざまな波紋や反省を生み、その後の日本の労働運動の曲がり角となった。

第30話　産別会議の内外で民主化運動ののろしが上がる

「労働組合を〝共産党の道具的役割〟から排除する」

産別会議の書記局からも自己批判が噴出、産別民主化同盟が相次いで旗揚げされた

2・1ゼネストが総司令部の中止命令で挫折した後、しばらくストが激減し、労働運動は鎮静状況となった。やがて、単組や単産で、ゼネストとそれを指導した産別会議、共産党への批判と反省を求める動きが強まった。

批判の口火を切ったのは国鉄総連で、一九四七（昭和二十二）年三月の全国大会で、「組合役職員から共産党員を排除せよ」との緊急動議が出て、六月の国鉄単一化大会（国鉄労組の結成）では右派が執行部を制した。十月の臨時大会（左右の対立で流会）の後、有力代議員らが大宮に集合、

共産党と一線を画した労働組合の再建を申し合わせ、十一月に約二百人が出席して「国鉄労組反共連盟」の結成大会を開いた。

国労以外では、十月に炭鉱労働組合全国協議会が分裂、産別有力組合の全日本機器労組、全電工労組でも、共産党幹部追放や脱退が起きた。新聞単一でも自己批判や脱退が出た。

なんといっても影響が大きかったのは、産別会議の書記局から、事務局次長の細谷松太を中心に、「労働組合を共産党の道具的役割から排除する」と主張して、自己批判と反共民主化の運動が持ち上がったことだった。

内外で高まる批判に、産別会議としても黙っておれなくなり、七月の臨時大会で自己批判を議題に取り上げた。大会では、「産別会議が共産党の指導下にあるのではないか」という批判に対し、幹事会は、「共産党フラクションは民主的に活動し、共産党は指導はするが指令は出さない。党員が献身的に労働者のために活動すればこそ、組合員の支持を受け重要な地位を占めているに過ぎない」「われわれはフラクにかき回された覚えはない」「産別会議の活動が共産党の特殊な指導下にあった事実はない」などと、自己弁護に終始した。

聴濤克巳議長も答弁に立ち、「自己批判問題を取り上げたのは、事実はないが保守反動勢力がふりまくデマを解明し疑心を去り、いわば敵の武器を奪ってわが武器とする」ためだと、産別会議が方針の誤りを正して出直すのではなく、新情勢に対応して産別の強化拡大をはかるためだと強弁した。

細谷は『証言戦後労働組合運動史』（高梨昌編著）でその後、「自己批判という名のついた大会」となるはずが「自己批判もみ消しの大会になった」と述懐し、その背景には「大会の前の晩に、地方から産別会議の大会に集まってきた共産系の代議員の連中が、全部代々木の共産党本部に招集され、そこでそういう新しい計画を示された」と証言。共産党の組合指導は、「組合は党に従属して、党の任務を遂行する、これが労働組合の本質であらねばならないというものです」と話している。

細谷を中心とする自己批判派は次第に勢力を伸ばして、翌一九四八年二月には産別民主化の声明を出して「産別民主化同盟」を発足させた。一方、国労の反共連盟は三月の臨時大会を機に、「国鉄労組民主化同盟」と名を変えた。戦後の労働運動に、大きな影響を与えた、いわゆる〝民同〟の相次ぐ旗揚げだった。

片山内閣発足後も生活困窮は改善されず労働攻勢が再燃、労組側の敗北に終わる

さて、一九四七(昭和二十二)年四月の総選挙で社会党は、過半数には及ばなかったが百四十三議席を獲得、自由党、民主党を抑えて第一党となり、逆に共産党は六人から四人へ減らした。選挙結果を受け、六月に社会党、民主党、国民協同党の三党連立による片山内閣が発足した。

しかし、インフレ昂進、食糧不足は依然として続き、国民の生活不安は解消していなかった。労働組合は片山内閣の新政策に期待、官公庁労組は二千六百円の給与ベースを要求したが、政府は、賃金を抑制し耐乏生活のなかでインフレ克服を目ざした緊急経済対策にもとづいて千八百円ベースを回答した。

反発した全逓は六月から全国での波状闘争や、郵便局、電信局で一斉休暇取得などの山猫ストを展開、労働攻勢が再び過激化した。闘争は年を越し、全逓は一九四八(昭和二十三)年三月には二十四時間の一斉ストを東日本、西日本、そして全国へと波状的に拡大することを指令、全官

公も一斉休暇戦術を決定し、産別会議は傘下民間労組を動員した共同闘争体制を整えた。その結果、再び2・1ストを思わせる緊迫した情勢となった。この間、国労だけは芦田内閣が提案した二千九百二十円ベースの新賃金回答を受諾した。

このような事態に総司令部は今度も黙ってはいなかった。経済科学局長のマーカット少将は加藤労相、吉富逓信相を呼び、「全逓のストは、2・1ストの前日にマッカーサー元帥が発表した命令事項に違反する」と、いわゆるマーカット書簡を手渡して警告した。全逓はあくまで強気を貫こうとした。しかし、全官公のなかにも国労に続く受諾組合が出てきて、この段階では政府方針を認めざるを得なくなり、結局、四月十六日には収拾した。

過激な闘争で全逓が得たものはほとんどなかった。逆に、争議中の電話回線切断事件で組合員五人が、占領政策違反として軍事裁判に付された。また、大蔵省の全財の二十四時間ストと一斉休暇戦術に対して、徴税事務の支障を理由に責任者三十三人（懲戒解雇六人、減俸二十七人）が処分された。過激な闘争は結局、労組側が犠牲を払う結果で終わった。

フラクション
共産党の企業や職場単位の「細胞」と考えられ、党からの指示などがこの細胞をつうじて伝えられた。略してフラクといわれた。

細谷松太
戦前、日本海員組合をふり出しに労働運動に入り、一九二四（大正十三）年、総同盟に加わるが、第二次分裂で除名された。その後、日本共産党に入党、何度か検挙・投獄された。戦後、産別会議結成と同時に事務局次長を務め、産別書記局での共産党フラクションの責任者だった。民主化運動提起後に脱党し、新産別を組織した。

第31話　公務員のスト権禁止、民主的労働組合は総評を結成

米ソ対立が激化するなか、ＧＨＱは労働政策を転換

官公労組が左派系闘争主義に走った結果、公務員のスト権禁止という負の遺産負う

２・１ゼネストの挫折をきっかけに高まった民主化運動にもかかわらず、産別会議は一九四八（昭和二十三）年の夏にも、同じような政治色の濃い闘争方針を打ち出した。

全官公が、すでに予算計上されている三千七百円ベースを拒否して、「食える賃金五千二百円」とともに「亡国芦田内閣の即時退陣、運賃、通信料金値上げ絶対反対」などを政府に迫って夏季攻勢は始まった。

政府の拒否でたちまち交渉が決裂すると、全逓は地域の市民、労働者、農民と提携する地域人民闘争方針を掲げ、大阪中郵を先頭に各地で二十四時間ストや集団欠勤などの闘争を始めた。春の奈良大会で、ふたたび左派が多数を握った国労もこれに加わり、七月初めから九州、四国の機関区で乗務拒否、集団欠勤を、ダイヤ改正拒否を絡めて連発した。

その最中の七月二十二日、連合国軍最高司令官のマッカーサー元帥は芦田首相宛に、「国家公務員法の全面的改正に時を移さず着手する」ことを求め、公共企業体制度の採用を示唆する、いわゆる「マ書簡」を送った。

書簡は、「政府関係における労働運動は極めて制限された範囲で適用すべきであり、…主権を行使する行政、立法、司法の各機関に挑戦することは許されない」としたうえで、「何人といえども争議行為、もしくは政府運営の能率を阻害する遅延戦術、その他の紛争戦術に訴えてはならない」と、公務員のスト権、団交権を否定していた。

政府はこれを受けて三十一日、「政令第二〇一号」を制定、公務員は「同盟罷業、怠業的行為等の脅威を裏付けとする拘束的性質を帯びた、いわゆる団体交渉権を有しない」とし、「同盟罷業その他の争議行為をしてはならない」と「マ書簡」が示したスト権、団交権の否認を具体的に規定した。また、違反者は「一年以下の懲役または五千円以下の罰金に処す」とした。

続いて十二月には、国家公務員法の改正を行い、公務員の争議権、団体交渉権を取り上げ、団結権のみ認め、人事院の保護と管理の下に移した。また、公共企業体労働関係法を制定して、現業公務員のうち国鉄、たばこ専売の従業員は、争議権は認めないが、団交権のみ認めた。さらに労組法を改正、暴力の禁止、公正な役員選挙と会計監査、同盟罷業の無記名投票などが規定され、労働組合の民主的で自由な運営が強調された。

これらの一連の措置によって、公務員のスト権は禁止され、団交権は大幅に制限された。復活して数年の労働運動は打撃を受け、公務員の労働権回復は現在も運動課題の一つとして残る。戦後、運動の主導権を握った官公労の指導者が共産党やその同調者に支配され、破壊的な闘争第一主義と政治的色彩の濃い闘争に走ったことによる〝負の遺産〟は、いまも日本の労働運動の重い負担として残っている。

民主化運動を進める労働組合の中央組織「日本労働組合総評議会（総評）」を結成

マ書簡、政令二〇一の制定に対して、産別会議や左派系組合は激しく反発。非常事態宣言を出して、ふたたび闘争に訴えた組合もあったが、処分を受けたのみで得るところはなかった。しかし、総同盟は「一部極左的労組の指導者は、労働運動を今日の不幸に陥れた責任を反省することなく、さらに愚かな闘争へ突入せんとしている。これは勤労大衆を犠牲にするものであり…」と、冷静に問題の核心を見ていた。

マ書簡の背景には米ソ対立の激化という国際情勢の反映もあった。総司令部（ＧＨＱ）は日本の労働運動が共産党に支配されることを嫌って、労働政策を転換した。この結果、盛り上がる民主化運動は一層勢いづいた。

２・１ゼネストの挫折後、全闘の成果を労働戦線統一に生かそうと一九四七（昭和二十二）年三月に全労連（全国労働組合連絡協議会、現在の全労連とは別）が、産別会議だけでなく総同盟、その他の労組も参加して結成された。もっとも、これには総同盟は当初から参加に消極的で、しかも運営に加盟組織の拒否権を認めたため、組織は弱く、次第に左派勢力の牙城と化し、総同盟は一九四八（昭和二十三）年には脱退した。

労働界に吹いた民主化の流れは、一九四九（昭和二十四）年に入ると全労連にも及び、総同盟に続くようにして炭労、私鉄総連、全鉱、全日通、正統派全逓、日教組、それに民同派が執行部を完全に握った国労などの主要労組が相次いで脱退した。この結果、一時は五百万人の組織を誇った全労連の組織は、二百万人前後に衰退した。流れは産別会議にも同様で、全電工、全金属などが脱退

国際自由労連の結成大会に出席するため日本を出発する代表団（1949年11月）／労働省『資料労働運動史』昭和24年

して七十六万人に減った。

政治の世界でも、片山・芦田内閣で政権を担った社会党が一九四九（昭和二十四）年一月の総選挙で、四十八議席に転落したことから、四月の党大会では運動方針での党の性格付けをめぐって、森戸・稲村論争が展開され、これが二年後の社会党分裂の伏線となった。

こうしたなかで、民主化運動を進める労組（民同派）を中心にした、新全国中央組織の結成の動きが十一月から着々と進められた。やがて、名称を「日本労働組合総評議会（総評）」とし、結成準備大会を一九五〇（昭和二十五）年三月、結成大会を七月に行うことを確認した。日本のこの動きに、国際自由労連の発足が大きな影響を与えた。国労委員長で国鉄民同の幹部、加藤閲男がＩＬＯ総会の帰りに、ロンドンで開かれていた国際自由労連結成準備会に出席、帰国後、国内各労組に自由労連への参加を呼びかけた。これに応えて、一九四九（昭和二十四）年十一月末に開催された国際自由労連結成大会には、加藤をはじめ滝田実（全繊同盟）、荒木正三郎（日教組）、原口幸隆（全鉱）ら五人の代表が出席した。国内の民主的労組の大同団結の気運は、これで急速に醸成され、全日通、国労、海員、総同盟、日教組、炭労、全鉱などが、それぞれ大会や中央委員会で、国際自由労連加盟を決定した。

こうして、一九五〇（昭和二十五）年七月十一、十二の両日、東京・三田の東交会館で総評の結成大会が開かれた。参加組織は十九組合、約三百五十万人を数えた。

改正前の「労働組合法」

一九四五年に制定された労働組合法は、警察官吏、消防職員、刑務所勤務者を除くすべての公務員に対して、民間企業労働者と全く同じように労働三権を付与していた。

国際自由労連

米ソ冷戦が深まるなかで世界労連（ＷＦＴＵ）が分裂、民主主義と労働組合主義を基本に、西側諸国の組合を中心に一九四九年に結成。その後の国際労働運動の統一で、二〇〇六年、国際労働組合総連合（ＩＴＵＣ）が結成され、それとともに、解散した。

森戸・稲村論争

一九四九（昭和二十四）年一月の社会党大会で展開された運動方針をめぐる路線論争。党の性格を「国民政党」と規定し、議会主義に則って反共路線を明確にするよう主張する右派の森戸辰男（元文部大臣）と、革命によって社会制度を変革するため共産党との共闘も辞さないとする「階級政党」論を主張する左派の稲村順三とが激しく対立した。結局、勝間田清一の調停で、党の性格を「階級的大衆政党」とすることで決着したが、運動方針は左派色の強いものとなった。

第32話　反共・国際自由労連指向を旗印に総評は誕生したが…

日本の労組の共産化防ぎたいＧＨＱの圧力が背景に

2・1ゼネストの挫折をきっかけに民主的労働組合が大同団結して総評結成

一九五〇（昭和二十五）年六月二十五日、朝鮮戦争が勃発した。かろうじて保たれていた戦後の米ソ均衡が崩れて、世界中が世界情勢の激変を不安げに見守るさなかに、「総評」は結成された。結成大会が開催されたのは、戦争勃発からわずか半月という七月十一、十二の両日で、場所は東京・三田の東交会館だった。

総評に参加した十九組合、約三百五十万人の労働者を代表する代議員百六十一人が出席し、オブザーバーは六十二人、傍聴者は約四百人を数えた。また、英労働組合会議（ＴＵＣ）、米産業別労働組合（ＣＩＯ）、国際自由労連（ＩＣＦＴＵ）など、海外友好団体の代表も出席した。

総評結成大会（昭和25年7月11日）
『写真記録・戦後労働運動の軌跡』より

掲げられた多数のスローガンには「首切り、低賃金、労働強化絶対反対」「産業復興を妨げるデフレ予算の打破」「失業対策の完備と社会保障制度の確立」に並んで、「民主的労働戦線の統一」「産業別合同の促進」「国際自由労連の旗の下に」といったスローガンも読めた。

議事は一部で白熱したが予定通りに進んで、初代議長には炭労委員長の武藤武雄、副議長には長谷武磨（全逓）、松浦清一（海員）、事務局長には総同盟の島上善五郎が選出され、「大会宣言」を発して終了した。

総評の結成は2・1ゼネストの挫折を契機に、労働組合内部から発生した労働組合民主化運動を背景にしていた。その高まりと経過については、前話までにふれたが、推進力を与えたのが、日本から五人の代表が出席した国際自由労連の結成だった。そのため、国際自由労連への加盟は、前年（一九四九年）十一月初めの結成準備の懇談会で固めた基本線に、すでに盛り込まれていた。大会で承認された「基本綱領」では、次のように明確にした。

「…全世界の働く人民の自由と福祉をはかり、相互信頼を打ち立てるために有効にして強力な活動を展開する国際労働組織の拡大、強化に進んで参加し、志を同じくする全世界の労働者と緊密に提携しなければならない」。

また、当面の行動綱領では、「われわれは、世界の民主的労働組合によって結成された国際自由労連加盟の速やかな実現を期し、労働者の国際的団結の強化に貢献する」と、より直接的に国際自由労連指向の方針を示した。

さらに、民主化運動の発生の大きな要因が、共産党の労働運動支配・介入の排除だっただけに、次のような厳しい表現で、反共の態度を明らかにした。

「…日本共産党の組合支配と暴力革命方針を排除し、…自由にして民主的なる労働組合によって労働戦線統一の巨大なる礎をすえたのである」（大会宣言）。「政治権力の獲得を直接の目的とし、特定の政治理念を基軸として結成される政党とは、その機能と性格を全く異にするものである。労働組合をもって政治権力獲得の行動部隊の如くみなす理念とは、明らかに相容れない」（基本綱領）。

総評内部に存在した考えや思惑の相違は後に「ニワトリがアヒルになる」結果に

総評結成は左派勢力に壊滅的打撃を与えた。産別会議は脱退が相次いで一九四九（昭和二十四）

年十一月の大会では組織人員七十七万人と発表したが、その後も脱退が続いて、翌一九五〇年六月の労働省調査で、総同盟の八十四万人、総評の二百七十六万人に対し、産別会議二十九万人、全労連七十六万人に激減した。

このため共産党は、労働組合支配力の弱体化を挽回するため、産別会議を解体し、全労連を連絡組織から闘争組織に切り替えることを計画した。この方針にもとづいて、産別会議は「全労連への発展的解消」として四月十七日に解散、機関紙も全労連に統合して、着々と準備を進めた。しかし八月三十日、ＧＨＱのマッカーサー最高司令官から団体等規制令によって解散を命じられ、同時に幹部十二人が公職を追放されて計画は挫折した。

総評の誕生は、このように「反共」と「国際自由労連指向」を旗印にした民主的労組の大同団結だったが、その半面、結成にはＧＨＱやアメリカの強い圧力があった。米ソが決定的に対立するに至った国際情勢の下で、アメリカやＧＨＱはもはや、日本の労働組合の共産化を許容できなくなっていた。

産別民主化運動から総評の結成準備まで、中核的な役割を果たしてきた新産別（産別民主化同盟が結成）が、総評結成準備大会の開催二日前の三月九日に突然、「戦後型の産報化につながる恐れがある」と、総評の性格を理由に不参加を表明（総評結成後の十一月になって参加）した背景には、ＧＨＱの圧力に対する反発があった。

さらに、組合民主化運動の旗を振った労組や幹部のなかには、二つの考え方が混在していた。共産主義、共産党そのものが民主主義や民主的労働組合と相容れないとする考えと、共産党の労働組合への支配介入の排除だけを求める考えで、それが整理されないまま、総評は結成された。

総評内部に存在した考えや思惑の相違は、結成一年もしないうちに噴出する。「ニワトリがアヒルになった」といわれる性格の変化、路線変化はこうして出てくるのである。

全労連
2・1スト後、その経験を労働戦線統一に生かそうと発足、一時は五百万人を誇ったが、左派勢力の牙城と化した。第三十一話の本文を参照。

第33話 〝ニワトリの卵からアヒル〟といわれる総評の左旋回

国際自由労連加盟を反故にして、総評は左翼路線を歩み始める

ＧＨＱが労働政策を反共に移行するなか、総評第2回大会では左右の対立が表面化

朝鮮戦争勃発でもたらされた朝鮮特需は日本の経済復興への追い風となった。金属、機械などの特需部門を中心に、戦争勃発からの一年間で四九％（鉱工業生産指数）も生産が上向いた。しかし、増えた雇用の大半が短期の臨時工で、消費者物価は半年間で二〇・三％も急上昇した。

総評発足初の一九五一（昭和二十六）年春季闘争は、電産、私鉄などがストに突入して、電産二〇％、炭労二五％、海員三九％、綿紡三三％、私鉄一八・五％などの大幅ベースアップに成功、

全体として約二〇％の賃上げを獲得した。

一方で、朝鮮戦争が世界的な全面戦争の引き金となるのを、人々が恐れるなか、マッカーサー元帥はこの年一月の年頭所感で、日本の課題が「講和の締結と自衛力の保持」にあることを強調。これに続く月末のダレス米国務長官顧問の来日は、全面講和か多数講和か、再軍備賛成か反対かで、国民の間に激しい議論と対立を巻き起こした。

結成時にＧＨＱとの関係を批判して総評に加入しなかった新産別も加入、結成二年目の総評は順調に組織を拡大していた。その一方で、国際情勢の激変がＧＨＱの労働政策を大きく反共へシフトさせるなかで、第二回大会は三月十日から東京で開かれた。

左へ舵を切った総評第２回大会（昭和26年３月）
労働省編『資料労働運動史』より

大会は新年度運動方針を採択、当面の賃上げ闘争について、「基準内賃金を中心のベア」「最低保障給の確立」「臨時工の本工への繰り入れ」など六項目を目標にし、戦術、日程などを調整して進める方針決定の議事までは順調に運んだ。しかし、大会の議論の焦点は、平和運動に関しての「平和四原則」と「国際自由労連」への一括加盟の問題だった。

「平和四原則」というのは平和運動の原則として、一月の社会党大会で左右両派が大議論の末に決めた「全面講和、中立堅持、軍事基地化反対」の三原則に、「再軍備反対」を加えた内容。総評大会に執行部は「われわれは非武装平和憲法の主旨に則り、再軍備に反対し、中立堅持、軍事基地提供反対、全面講和の実現を期して日本の平和を守り独立を達成するために闘う」という原案（A案）を提出していた。

これに対して新産別・三戸信人は「…全面講和、中立堅持、軍事基地反対を日本労働階級の立場となし、平和と独立を貫くために再軍備に反対して闘う」（B案）、右派の日鉱・重枝琢己は「…全面講和の締結を促進し、自由と平等の保障される日本のすみやかな独立達成のために闘う」（C案）と、それぞれ修正案を提出し、提案説明をした。

A、B両案はいずれも平和四原則の立場だが、A案は平和憲法にその理由を求め、B案には階級的立場を強調、これを日本の労働運動の基本原則にしたい意図が込められていた。C案は、目標はあくまで自由と平等が保障される日本の独立であり、四原則はその手段に過ぎないと、全面講和のみをうたっていた。

私鉄総連、電産、国労、日教組などがB案に賛成し、海員組合はC案を支持し、議論は尽きなかった。そこで、全逓がA、B両案をもとにした修正案を、自治労協がA、C両案折衷の修正案をそれぞれ出した。まず三案の採決を行ったが、いずれも三分の二の議決数に達せず、次に二つの修正案のどちらを採択するかの、採決に移った。その結果、全逓修正案二百二、自治労協修正案三十九で全逓案が可決され、「平和四原則」を総評の基本路線にすることが確定した。

民主的労働戦線の統一体として目ざした国際自由労連への一括加盟を葬り去る

もう一つの重要議案、国際自由労連一括加盟の問題は、大会最終日の三日目に議論された。これにも、「総評の名で国際自由労連に加盟する」（A案）とする賛成案と、反対のB案が出ていた。

まずA案について、炭労・柴田圭介が、①民主的労働戦線の統一体の総評は、結成当初から国際自由労連につながる基本方針で進んできた②結成一年の闘争成果で、総評は国際自由労連に加盟すべき日本唯一の母体として、国際的に実力が認められている③加盟窓口の協議会参加の全組合が総評に結集した今日、総評に一元化されるべきだ、と強調した。

これに対して、新産別・三戸は「総評加盟の組合には国際自由労連加盟を決定していない組合が多く、総評一本での加盟は単産の自主性を拘束する。朝鮮戦争に対し国際自由労連がとった態度は承服できない」と反対した。

この後の討議では、炭労、総同盟、海員組合、全鉱が賛成を表明し、全逓、電産は反対し、全電通、国労は未加盟組合の加盟を促進する趣旨の修正案を出した。A、B両案と修正二案が一緒に採決され、A案が多数だったものの、どれも三分の二に達しなかった。この後も、形を変えて二度の採決を行ったが、いずれも議決数にならず、議長は「本件不成立」を宣言して廃案となってしまった。

総評は翌一九五二（昭和二十七）年の第三回大会に、「国際自由労連はサンフランシスコ条約を支持し、軍備を支持する態度をとった」と批判し、国際自由労連加盟は「各組合の自由な意思」に任せるとの運動方針を出した。これに対し全鉱、海員、全繊同盟の三単産が「一括加盟」の修正案を提出して反対したが、賛成四十二で葬り去られた。

総評は国際自由労連一括加盟をこのように反故《ほご》にし、左翼化路線を歩み始めた。「ニワトリの卵からアヒルが孵《かえ》った」と評された所以である。

朝鮮戦争
第二次世界大戦終結後、朝鮮半島には南北分断の国家が成立、半島の主権をめぐり北朝鮮が一九五〇年六月二十五日、三十八度線を越えて侵攻して始まった戦争。

対日講和
第二次大戦後の、国交回復のため、一九五一年九月八日サンフランシスコで、ソ連、チェコ、ポーランドを除く四十八カ国との間で講和条約が締結された。左派はソ連も含めた「全面講和」を主張した。

国際自由労連の態度
朝鮮戦争勃発に際し、これを共産軍の凶悪な武力行使と抗議、国連軍支持の声明を出した。一九五一年の第二回大会でもこれを再確認、自由諸国の再軍備を支持した。

第34話　左派、高野の攻略の前に総同盟は分裂

全繊同盟は分裂回避を最優先し、総同盟再建には不参加

〝ブラッディ書簡〟とその対応をめぐり総同盟内部の左右の対立抗争が決定的に

総評結成は、産別会議に決定的な打撃となったが、その一方で、総同盟には組織分裂という厳しい試練を与えた。

総評結成から半年も経たない一九五〇（昭和二十五）年十一月三十日から川崎で開催された総同盟第五回大会が分裂の舞台となった。直接のきっかけは、総司令部労働課のブラッディ係員が全繊

同盟会長・滝田実に宛てた私信、いわゆる〝ブラッディ書簡〟だった。

書簡は、全繊同盟綿紡部会長で日紡組合長の高山恒雄が経営側と共謀して全繊中央執行委員で日紡犬山支部長・徳田千恵子の交流渡米を妨害、自主的・民主的組合活動を破壊していると非難していた。全繊同盟第五回定期大会（六月二十七日から三日間）直前の二十三日夕、徳田から総同盟総主事・高野実を経て滝田会長に届けられた。

全繊同盟は書簡に驚き、GHQに直接経緯を尋ね、大会前日の執行委員会では高山、徳田二人の弁明も聞いた。そのうえで執行委員会は、①書簡の事実はないと確信する、②書簡や関係資料は一切配布しない、③高山、徳田両氏にもその旨、要請すると決めた。

ところが大会初日に、書簡の内容を印刷したビラが、何者かの手で代議員にばらまかれた。大会は異様な雰囲気に包まれ、調査委員会を設置することにして切り抜けた。ビラは徳田が書簡を書き写し、総同盟左派の中央執行委員・柳本美雄とでつくったことが分かった。

調査委員会は十月に「高野総主事、柳本中執、徳田のとった行動は…高山氏を中傷し、かつ日紡労組、全繊同盟に悪影響を与えた」と結論づけた。

こうしてブ書簡問題が総同盟の内部対立や、総司令部労働課の総評育成方針なども絡まって、抜き差しならない対立抗争の種に発展するなか、総同盟の第五回大会が開かれたのだった。

総同盟第5回大会で右派代議員は退場、左派だけで総同盟解体方針を決定した

さて、第五回大会の前に、総同盟内部の左派と右派の激しい主導権争いに触れておかなければな

らない。

抗争の始まりは二年前（一九四八年）十月の第三回大会まで遡る。高野実らの左派は、昭電疑獄事件に連座した西尾末広（副総理）問題を利用、総同盟の活動が不活発なのは〝松岡会長―原総主事〟の右派指導ラインに原因があると執拗に攻撃した。そして、高野が二百九十九対二百九で原を破って総主事となった。これでまず、〝松岡―原〟ラインが崩壊を喫した。

翌年の第四回大会では、独立青年同盟に対する排斥論を展開して右派を攻撃。役員改選の結果は、右派は松岡のほか五人のみとなり、総同盟の主導権は完全に高野に握られた。

高野はその勢いを駆って、一九五〇（昭和二十五）年五月の中央委員会では、「総評を軸とする統一を前提にして、総同盟は歴史的役割を果たす」と、総同盟の解体を意味する「総同盟組織改革方針」を提唱した。

こうしたなかで開かれた総同盟第五回定期大会の主要議題は、中央委員会で提起した総同盟解体の組織改革方針だった。その審議の前に本部は、ブラッディ書簡問題について、独自の調査委員会報告を発表した。その内容は「徳田の渡米について、会社と結託して積極的に攻撃に加わったか明確な証拠はなく、裏付けることはできなかった」としながら、「本部の調査委員会は、会社に不当労働行為の事実の濃厚なることを認定した」と、全繊とは全く異なる結論を出していた。

これに対して、右派は「本部の書簡問題の取り扱いは加盟組合の自主性を無視する策動だ」（日鉱）、「報告は全繊の調査した事実を隠ぺいした作文だ」（埼玉）などと非難、左派は「日紡では会社・組合が一体で組合活動家を共産党員だと解雇している」と反論、激しい議論の応酬となった。

事態収拾に執行部の全繊同盟会長・滝田は、報告を採決から外すよう主張、右派の有志代議員五十四人も議長団に同様の申し入れをした。しかし、高野総主事は報告の採決を譲らず、採決は強行された。結果は報告承認百七十一、反対百五十八で、ブ書簡問題報告が承認された。

それと同時に、全繊同盟の大部分の代議員が席を立って退場。さらに、造船の古賀専代議員が「このような一方的な議事運営では、会議を続行することはできない」と発言、これを契機に右派代議員約六十人が退場した。これに続き、滝田会長が「われわれは本大会から一片の温情も受けられなかった」と述べて退場。松岡会長は「このような雰囲気を融和させられなかった責任を取り、会長を辞任する」と、議場から立ち去った。

ブラッディ書簡問題で混乱、ついに分裂した総同盟第５回大会
（労働省編『資料労働運動史』昭和 25 年より）

右派が退場した会場では、左派だけで総同盟解体方針が決定され、翌一九五一（昭和二十六）年三月に、総同盟解散大会を開催して、「本日をもって総同盟は解散」と宣言した。

高野はこの半月前の総評第二回大会で、続投意欲を見せていた島上善五郎を押しやって、総評事務局長のポストを手にした。

一方、退場した右派は六月一、二の両日、浅草公会堂で総同盟再建大会を開催したが、ブ書簡問題の震源地で、総評加盟を決定している全繊同盟の立場は微妙だった。臨時大会を開いて、総同盟再建大会への不参加を決めた。総同盟再建運動にはやや距離を置き、全繊同盟の分裂を回避する道を選んだ。『全繊同盟史』は、これを「苦闘」と表現し、「一歩後退、一歩前進の道をとらせた」と書いている。

第35話　総評の組合員無視の指導方針に4単産が批判声明

総評は高野の主導で、左右の対立が一気に先鋭化

占領政策に代わる治安立法の動きに総評はゼネストで反撃、血のメーデーへ

「全面講和」か「多数講和」で日本を二分した対日講和条約は、一九五一（昭和二十六）年九月八日、サンフランシスコで調印され、翌年四月二十八日に発効した。日本はこれによって独立を回復し、西欧民主主義陣営の一員として歩み始めた。

労働運動は過去七年の占領政策から解放された。そんななか、総評は高野事務局長の強引な指導のもと、一気に政治性の強い労闘ストと電産、炭労の激しい長期闘争を指導した。

講和条約が具体的日程に上ると、占領中の諸法令・制度の見直しが日本政府に許され、政府は準備を始めた。

課題となったのが、独立後の治安維持だった。占領中は、「国民生活を破壊、またはその恐れの

昭和 27 年５月１日、血のメーデーとなり、暴徒に包囲され殴打される警官（労働省編『資料労働運動史』昭和 27 年より）

ある争議行為」については、政令による「占領目的阻害行為」として処罰の対象とされた。独立後はそれに代わる新たな治安立法が必要となった。併せて政府は、労働法規の見直しも始めた。

この動きに総評は、「政令再審に名を借りて労働者階級の抵抗を圧殺して、軍需動員しようとするもの」として、六月には「労働法規改悪反対闘争委員会」（労闘）を結成、「総評四百万の組織力を挙げて徹底的な反撃闘争を決行する」と声明を出した。「破壊活動防止法案」（破防法）が一九五二（昭和二十七）年三月に閣議決定されるや労闘は、時限や二十四時間スト、職場大会を交えた五波のストを計画した。四月十二日に第一波を決行、十八日の第二波はほとんどの主要組合が参加した空前のゼネストとなったが、総同盟は最初から参加しなかった。

講和発効の直後、五月一日には第二十三回メーデーが神宮外苑で開催された。ところが、集会後のデモの一部が全学連などに扇動されて、解散予定地の日比谷公園へ向かわず、使用が禁止されていた皇居前広場へ突入して警官隊と衝突。デモ隊の二人が死亡、双方に千五百人余の負傷者を出す〝血のメーデー〟となった。

この事件で世論は、「こんなことだから破防法も必要だ」などと硬化し、審議中の労働法規改正は五月二十七日、破防法は七月四日に、それぞれ国会で修正されて可決された。

総評の左傾化、政治闘争への批判から民主的労働運動を求める再編の動きへ

労闘ストは総評結成以来最大の統一闘争で初の政治ストだった。しかし、なんの成果もなかった。それればかりか、第三波実力行使の実施時期をめぐって、炭労、電産、全国金属、合化労連の総評内左派と、私鉄総連、海員、全繊などが対立、第三波ストは六月七日と十七日、二十日に分裂ストとなって総評内の足並みの乱れを露呈した。

一方、一九五二（昭和二十七）年の総評秋の賃金闘争は、第三回大会で決定した賃金綱領にもとづき、電産は基本賃金の五二％アップを要求して九月二十四日の第一波電源スト（発電現場の職場放棄）を打ち出した。炭労は九三％賃上げを要求、十月十三、十四日の四十八時間ストに続いて、十七日から無期限ストに入った。

決定した賃金綱領は、「低賃金の打破なくしては再軍備の阻止も経済の自立もあり得ない」と、強い政治色を経済闘争に結合させることを基調とし、賃金闘争をつうじて「総資本」と対決する考え方が強く流れていた。

十一月に入って、電産は大口工場に対する二時間停電ストを強行、炭労は保安要員引き揚げを指令。工場への節電要請は百四十六回、停電回数は六十二回に及び、産業に大きな打撃を与えた。

精米所の停電で米の配給が遅れるという、一般国民へは電灯停電だけでない影響も及んだ。出炭量の減少で国鉄は客車、貨物列車の運行削減に追い込まれ、ガス会社は供給制限をせざるを得なくなるなど、これまた被害は大きかった。

十二月、ドロ沼に落ち込むなかで、東京電力が個別交渉で解決させ、これを契機に中部、関西、

関東の各地本が相次いで統一闘争から離脱して妥結、電産はその統制力を失った。炭鉱ストは政府の緊急調整の発動で、組合の態度が急激に軟化し、中労委の中山委員長に斡旋を要請、わずか七％の斡旋案をのんで収拾した。電産、炭労の完敗だった。

労闘ストから電産・炭労争議への指導で、総評内部の左右対立は一気に先鋭化することになった。その最も大きな動きは、総評の左傾化、政治的偏向に反対してきた総評批判勢力が「全国民主主義労働運動連絡協議会（民労連）」結成を具体化させ、労働戦線の再編へと動き始めたことだった。

そして、十二月二十五日、全繊、海員、全映演、日放労の四単産が「総評指導方針批判—民主的労働組合の立場に立って—」と題する長文の共同声明を発表した。

声明は、労働組合の主要任務の経済闘争がその本質から離れて政治闘争の具に供され、すべての闘争を再軍備反対に集約して、組合を観念的な平和論の再軍備反対の行動部隊に仕立てている、などと指摘。「民主的労働運動を正常な軌道に乗せるため、広く同志諸君に訴える」と呼びかけた。

この声明が、後の全労（全日本労働組合会議）結成へのスタート宣言となった。

対日講和条約問題

日本と連合国との間で、第二次世界大戦を終結させた講和条約が、一九五一年にサンフランシスコで、日本と四十八カ国の間で署名され、翌年四月二十八日に発効した。ソ連、ポーランド、チェコスロヴァキアの三国は講和会議に出席したが内容に反対して署名を拒否、その背景には前年に勃発した朝鮮戦争があり、米ソの激しい対立があった。日米安全保障条約もこのときに調印された。

国内では、西側陣営との「多数講和」か、東側陣営をも含めた「全面講和」かをめぐって国論が激しく分裂し、吉田内閣は多数講和を推進したのに対し、共産党をはじめとする左派勢力は全面講和を強く主張し、「単独講和反対」の激しい政治運動を展開した。また、社会党内部において、左派の全面講和論と右派の多数講和論とが対立し、同党の分裂を引き起こした。

第36話　総評の左傾化に対抗し、「全労」発足

新たに、自由にして民主的な労組の結集はかる

〝ニワトリからアヒル〟に変身した総評に落胆した4単産などで「民労連」を発足

四単産声明は、民主的労組の結集体を信じて総評に参加した労組の落胆、そして、そこから芽生えた決意を込めた挑戦状でもあった。

総評は結成大会の宣言で「自由にして民主的な労働組合によって労働戦線の礎を据え」「国際自由労連に連なる全世界の労働者と連携して民主的な労働組合の闘い」を進めると述べて、反共と国際自由労連への指向を運動の基調とした。

ところが〝ニワトリアからアヒル〟に変身した高野総評は、第二回大会以降、国際自由労連加盟の修正案を葬り去り、平和四原則の方針のもとで反米・反政府の態度を強め、労闘ストや電産・炭労争議など、政治色の強い闘争を指導した。また、共産系労組の総評加盟を容認した。このような総評への絶望感から全繊同盟、海員組合などが、強い危機感から出したのが四単産声明だった。しかし、総評は幹事会名で、「独占資本の手先」と攻撃した。

ところで、総評第二回大会（一九五一年）での、その変質に疑問を抱いた総同盟、全繊、海員などの労組幹部は、前年九月に個人加盟の「民労研」（民主主義労働運動研究会）を発足させていた。

総評が攻撃に出たため、四単産と総同盟、それに炭労争議を機に炭労から脱退した常磐地方炭坑連が加わって一九五三（昭和二十八）年二月に民労研を組織替えし、活動体として「民労連」（全国民主主義労働運動連絡会）を結成。「国際自由労連との提携を密にし、政治闘争を排して、総評発足時の基本綱領に総評を引き戻す」ことを目的に活動を始めた。

こうして総評内の左右対立が鮮明になるなか、七月八日から開催された総評第四回大会でも、民労連系組合が提出した「国際自由労連一括加盟」の主張と、本部の運動方針案は容共的だとして提出した対案は、いずれも否決されてしまった。

このため民労連は七月二十一日の幹事会で、「総評外にあって新たな民主的労組の結集に乗り出すべき段階に到達した」との態度を確認、民労連運動と総評内の対立は新たな段階に入った。これを受けて、海員は八月の全国評議員会で、全映演は九月にそれぞれ総評脱退を決め、総同盟は十月に新組織結成に積極的に努力する方針を決めた。

もはや総評に加盟する意義はないとしてついに全織も脱退を決定、「全労」結成へ

しかし全織は、前年（一九五二年）の第七回大会で「国際自由労連を指向する民主的民間労組の結集をはかる」という方針を決定していたが、翌五三年一月の評議員会では、この方針をめぐって綿紡の鐘紡、呉羽、羊毛の一部、麻などの左派系組合が、民労連参加を非難して本部派を激しく攻撃、内部対立に直面した。

九月の第八回大会で執行部は総評問題について、「総評は基本綱領から逸脱、自由にして民主的

全労結成大会（昭和29年4月22日）／友愛労働歴史館提供

労組の結集とはいえず、加盟の意義を失っているので、この事実を組合員に知らせ、総評を脱退、速やかに民間労組を中軸の新組織結成を急ぐ」という方針案を提出した。審議に入るや、左派系組合と執行部派組合との激しい議論の応酬となったが、最終的には方針原案はなんとか可決された。

ところが、この可決後に十二組合の代議員が「総評即時脱退」の緊急動議を提出。議場は紛糾し、採決は賛成二百三十四、反対百四十三、保留五十三、無効一で、規定の代議員総数の三分の二に達しなかった。方針の総評脱退の大筋は可決したものの、脱退決定までにならなかった。

このため全繊は、慎重を期して十一月十四日に臨時大会を開催、「新組織は、現実遊離のスローガン闘争を排し、労働者の共通利益のため着実な実践活動をはかる」などの基本構想も提示して審議した。採決の結果は、脱退賛成二百八十五、反対百五、保留三十となり、ようやく総評脱退の可決にこぎつけた。

この票決は可決に必要な三分の二をわずか三票超えるだけのきわどい状況。滝田実会長は「みんなの真摯な態度で、巷間《こうかん》伝えられる全繊の危機を乗り越えられた。感謝する」と安堵を述べ、「考え方の相違から反対していた諸君もこの決定に従ってほしい」と要望。「全繊万歳！」を三唱して臨時大会を閉幕した。

新組織の中核となる全繊の脱退決定で準備は一気に進んだ。新組織名は「全日本労働組合会議」、略称を「全労」とすることも決まり、一九五四（昭和二十九）年四月二十二、二十三の両日に東京・渋谷公会堂で結成大会を開催して、いよいよ発足した。

大会宣言は「自由と民主主義の敵、反動資本の攻勢と闘い、左翼労働組合主義に対抗して、日本の再建と繁栄を勝ち取り、真に平和な世界の建設に寄与せんとするわが国労働者階級の道標が、ここに確立された」と謳い、議長に滝田実（全繊）、副議長に古賀専（総同盟）、書記長に和田春生（海員）を選出した。参加したのは全繊、海員、全映演、総同盟、オブザーバー組合（東北電労、東京電労本店支部）を加えて八十四万九千四百人を数えた。日放労は内部からの批判で、四単産から離脱した。

全繊は、四年前の総同盟分裂以来の危機を慎重な対応で乗り越えた。『全繊新聞』二百二十一号は主張欄に、「全繊即全労の精神で新統一組織を育てよう」と題する一文を掲載、全繊自身の責任の重大さを強調すると同時に、日本の労働運動の正しい進路が示されたことを評価した。

全労は十年後に同盟（全日本労働総同盟）となるが、ほとんどの問題で総評と相対立し、労働界は二分されるに至った。

民労研（民労連）

一九五一（昭和二十六）年九月一日、国鉄、総同盟、全繊、海員を中心とした右派により結成された個人参加による同志的な集まり。正式名「民主主義労働運動研究会」。国鉄、全逓、日教組の左派幹部を中心に、総評第二回大会で決定するために「労働者同志会」が同年三月に結成されたのに対抗して発足した。民労研はその後、総評批判運動を進め、その運動の発展が全繊、海員、全映演、日放労の四単産の「総評批判声明」となった。さらに、一九五三（昭和二十八）年一月には「民労協」（全国民主主義労働運動連絡協議会）の結成につながり、発展的に解消した。

第37話　近江絹糸人権争議、勇気を持って立ち上がった仲間達

戦後、企業規模拡大のために人権無視の労務管理を強行した近江絹糸

“目を開け！”――経営者の抑圧に立ち上がった1万2千の仲間達

戦後、紡績業を再開し、「十大紡（大手紡績十社）」にも匹敵するほど急成長した近江絹糸（正式名称：近江絹絲紡績株式会社）で、「人権争議」が発生したのは一九五四（昭和二十九）年六月二日。遠く親元を離れ、寄宿舎に暮らしながら働く十五〜十八歳の女子労働者が、会社の封建的かつ人権を無視した労務管理に立ち上がった闘争に、世論は驚きとともに同情を寄せた。

近江絹糸創業の地であり、主力工場の彦根工場で、闘争を指導した朝倉克己の著書『近江絹糸「人権争議」はなぜ起きたか』によれば、彦根工場では、毎週一回は男女別々に「仏間」に集められて読経が義務づけられ、その日は外出禁止。男女の交際も禁止され、手紙の無断開封、私物検査は日常的に行われた。また、外部と接触させないために、公立の定時制高校への通学も妨害されたという。

五月二十四日、大阪本社の有志で民主的な労働組合である「近江絹糸紡績労働組合」が密かに結成され、直ちに全繊同盟に加盟した。実は職場には、すでに労働組合があったのだが、文字通りの御用組合。彦根工場でも、それまで二度、民主的な新組合がつくられたが、いずれも会社の圧力と第一組合によって切り崩され、挫折していた。

近江絹糸争議　ピケを張る組合員（ＵＡゼンセン提供）

大阪本社で組織された新労組は、それから約一週間後の六月二日夕に総決起大会（日紡＝現ユニチカ労働会館）を開催して公然化、「自由と平和、民主主義を基盤にする全織同盟の旗の下に、信義と友愛と鉄の団結をもって、一切の封建性を打ち破り、如何なる迫害と圧迫をも粉砕し、企業の民主化、技術の練磨、人格の向上と、健全強固な自主的組織確立のために一路邁進することを誓う」と宣言。「我々近江絹糸紡績労働組合を即時認めよ」「仏教の強制絶対反対」「夜間通学、教育の自由を認めよ」「結婚の自由を認めよ」「人権を蹂躙《じゅうりん》した信書の開封、私物検査は即時停止せよ」「外出の自由を認めよ」など、二十二項目の要求を掲げて、三度目の民主化闘争に立ち上がった。

会社は、組合の認知も団交も全面拒否。このため組合は、四日から無期限ストに突入した。ストは瞬く間に岸和田、彦根、富士宮、中津川、大垣、津、長浜の各工場、東京・名古屋の営業所に広がり、全事業所に支部が結成された。

彦根工場では、会社の妨害を受けながら公立の夜間高校に通い続けた朝倉らが、かねてから内密に組織をつくり、綿密に計画を練って、決起の日時を七日午前二時と決めた。

この日午前二時、打ち合わせどおりに工場の電源を切って操業中の機械を止めた。深夜勤務の男性百人は職場放棄して工場中央の広場へ集まり、男子寮の寮生四百人も一斉に蒲団から抜け出し、隊列を組んで「ウォー」と声を上げながら広場に向かった。深夜の騒動に、広場に隣接した女子寮からも女性達が出てきた。「僕らはいま組合をつくった」という呼びかけに応えて、次々と賛同者が増えた。そして午前十時、千二百人以上が「仏間」に集まって、支部結成大会を開いた。

真夏の3カ月間の闘いを支えたのは全国の仲間の支援と世論の高まり

会社は、新組合つぶしのために暴力団を雇って乱闘を起こしたり、工場内に立てこもる組合員の追い出しに食堂を閉鎖して〝兵糧《ひょうろう》攻め〟を行うなど、乱暴な手段を繰り出して闘争の切り崩しに出たが、近隣組合や地域住民の応援に支えられ、仲間達は団結を死守した。彦根工場では、隣の鐘紡労組彦根支部から「にぎりめし」が差し入れられ、門前には彦根市民が集まって塀越しに組合員を激励した。全織同盟は数次のカンパ、海員組合は近江絹糸の積荷拒否、日通労組も運搬拒否など、組合への応援は全国に広がった。

争議は財界のあっせんと二回の中央労働委員会（中労委）あっせん案によっても解決せずにドロ沼化した。しかし、財界が再度動いて、小坂善太郎労相の仲介で中山伊知郎中労委会長が再あっせんに乗り出し、九月十二日、①会社は新組合を認め、東洋紡など十大紡並みの労働協約を締結する②信教の自由、信書の秘密、結婚の自由などの人権は、人権擁護局の勧告に従い具体的措置をとる③労働時間、賃金体系、時間外手当などの労働条件、寮などの福利厚生は、社会的水準に照らし合理的に規定を設ける、など組合の二十二項目の要求をほぼ満たした第三次あっせん案を示した。

世論に逆らい、強気一点張りで組合に挑戦していた夏川嘉久次社長も遂にこれを受諾、九月十六日、東京の中労委で労使が調印して百六日の闘争にようやく終止符が打たれた。近江絹糸人権闘争は、古い体質を残していた中小企業経営者への大きな教訓となった。また、その後、中小企業で労働組合の結成が進んだ。それから六十年、昨今の〝ブラック企業〟などを見ると、近江絹糸闘争から学ぶべき教訓がなお多いことを語りかけている。

過去2度の民主化闘争

彦根工場では一九四九年、全繊同盟の支援で民主化に立ち上がり、約一千人が新組合に参加したが三カ月で挫折した。一九五一年六月の新入社員歓迎映画会で、映写機からフイルムに引火、逃げようと階段に殺到した女子労働者二十三人が死亡。この圧死事件で労基法違反などが明るみに出て、第一組合への不満が高まり、第二次民主化闘争が始まったが、再び挫折した。

第38話　全労と総評の鮮やかな対照を見せた近江絹糸と日鋼室蘭の争議

総評挙げたオルグは家族も巻き込み、闘争激化へ

近江絹糸人権争議と時期を同じくして日本製鋼所室蘭製作所でもスト勃発

〝人権スト〟として歴史に名を残す近江絹糸争議が始まったのは、「全労」の結成からわずか一カ月、一九五四（昭和二十九）年六月二日のことだった。大阪の近江絹糸本社で結成された労働組合が提出した要求に、会社は団交さえ拒否したため、無期限ストライキに入った。労働組合は結成後すぐに全繊同盟に加盟し、全労の構成組織にもなった。

組合が掲げた二十二項目の要求は、「われわれの労働組合を認めよ」「外出の自由を認めよ」「仏教の強制絶対反対」「信書の開封、私物検査を即時停止せよ」「結婚の自由を認めよ」など、ごく基本的な人権を求める項目ばかり。一般市民は一様に「今時こんなことがあるのか」と驚いた。

組合結成・ストライキは瞬く間に近江絹糸各工場に広がった。会社は団交を拒否したまま組合幹部や従業員の寄宿舎監禁、暴力団による脅迫暴行、さらに工場で立てこもる組合員の追い出しに食堂閉鎖までして、ストを妨害した。

しかし、世論の支持と上部組織の全繊、全労の組織をかけた応援で、団結はより強まるばかり。海員組合は近江絹糸製品の輸送ボイコットを決議、闘争期間中の資金カンパは千七百万円を超えた。

国際自由労連、国際繊維労組同盟からも陣中見舞いが寄せられ、その呼びかけで、英、米、西独などの各国繊維労組から合計六百七十万円の闘争資金が寄せられた。

九月になって、財界大物の仲介にも団交を拒否し続けてきた社長の夏川嘉久次もついに折れ、中労委の中山伊知郎会長が提示した「会社は労働組合を認め、十大紡並みの労働協約を締結する」など、組合要求の二十二項目をほとんど容れた斡旋案を受諾した。九月十六日、中労委で協定書の調印式が行われ、争議は百六日で終わった。

近江絹糸争議と相前後して、北海道では室蘭の日本製綱所室蘭製作所で、従業員の三人に一人に当たる千五十七人という大量解雇をめぐる争議が始まった。闘争には前年の企業整備反対闘争で百十三日間闘って勝利した北海道三井鉱山労働組合連合会（北三連）のオルグが三日間にわたって社宅を回り、労働者や家族に「首切り反対の闘いに妥協はない」とブチまくって帰った。

日鋼のドル箱工場の労働者は親子二代、三代とこの工場に勤め、大半が社宅に住んで、労組は「大人しくて内向き」といわれていた。北三連のオルグが刺激となり、教えられたとおりに青行隊を強化し、主婦の会が組織され、総評が中心になり、炭労や鉄鋼労連に道内労組が参加した「共闘委員会」も組織された。

近江絹糸争議で斡旋案受諾後、握手する滝田全織同盟会長（左）と夏川社長（労働省編「資料労働運動史」昭和29年より）

全繊・全労指導の近江絹糸は完全勝利、片や日鋼室蘭はドロ沼化の末に敗れた

七月八日朝、会社は解雇の個人通告状を配って職場に掲示、解雇者のタイム・カードを引き上げて入場を禁止した。組合側は通告状を一括返上して、全員がスクラムを組んで、青行隊のピケと主婦の会に見守られて強行入場。十八日からの団交も三日間で決裂した。

七月二十一日、会社はロックアウトを宣言、正門などにバリケードを築いたが、これにも組合側は実力で突破し、全員が工場に入った。商店街には「首切るな、街が死ぬ」などのビラが大量に貼られた。日鋼室蘭の労働者とその家族に、総評、鉄鋼労連、全道労協、道炭労、北三連、室蘭地協、富士鉄室蘭に支援労組、さらに地元商店街も巻き込んで、総評事務局長の高野実が提唱する〝ぐるみ闘争〟となっていた。

それから一カ月後の八月二十四日、争議解決の糸口になり得るヤマ場があった。会社側は解雇者を減らして七百八十四人とする「最終案」を示し、執行部は六対一でこの受諾方針を決めた。鉄鋼労連もこれを支持した。

ところが、翌二十五日の中央委員会は、傍聴に詰めかけた主婦らの要求で、会場が会議室から屋外に変えさせられ、中央委員は大勢の主婦らに囲まれた、いわゆる〝すり鉢会議〟という異様な雰囲気のなかで行われた。無記名投票の採決は傍聴者の声に押されて起立採決となり、執行部方針は五十四対七で否決された。全員大会でも、最終案を拒否し長期闘争覚悟で闘う方針が賛成二千百五十三、反対千百九十一で可決された。闘争ドロ沼化の始まりだった。

一方、九月六日には市内の映画館で「日鋼室蘭新労働組合」が結成大会を開き、日鋼室蘭は分裂

した。新組合には千三百九十六人が参加し生産を再開。会社と団交を始め、十一月九日には「最終案」を骨子にした争議収拾の仮調印書に調印した。

この事態に高野も収拾に動き始めた。冬を迎えて闘争資金にも不安があった。中労委に中山会長を訪ねて斡旋を要請。十二月十七日、「希望退職を募集し、その状況により百人から百五十五人の解雇を取り消す」との斡旋案の提示を受けるや、高野は室蘭に急行して、吹雪のなか三日三晩、受諾を渋る組合員を説得した。

十二月二十六日、社宅に近い小学校の屋内運動場で旧労の臨時大会が開かれ、涙のうちに斡旋案受諾の執行部案を満場一致で承認、百九十三日の闘いはやっと終止符を打った。

総評による〝家族ぐるみ・地域ぐるみ闘争〟として闘われた日鋼室蘭争議は、現実には六百数十人の首切りを認め、旧労は一億五千万円の借金を背負って終わった。分裂して生まれた新労は着実に組織を拡大、闘争終結十年後に旧労を一本化した。

全繊同盟、全労の一貫した支援・指導体制と市民の支持で闘われ、完全勝利した近江絹糸争議とは、あまりにも対照的だった。

日鋼室蘭争議では子供も動員して“ぐるみ闘争”が行われた（労働省編「資料労働運動史」昭和29年より）

第39話　全労の結成で総評内の高野批判が高まる

労働組合の基本である賃上げ闘争重視を訴える

総評事務局長に立候補表明した太田は労働者の生活重視へ、運動回帰を提唱

総評に対峙する「全労」の結成は、総評労働運動を指揮し、〝天皇〟とまで呼ばれていた事務局長・高野実に対する批判を、総評内で高めることになった。全労の結成直後に起きた近江絹糸争議で組合が完全勝利する一方で、〝地域ぐるみ・家族ぐるみ〟方式で闘われた日鋼室蘭闘争の惨敗など、労働者の生活に直接関係する経済的闘争での相次ぐ敗北は、高野批判に拍車をかけた。

一九五四（昭和二十九）年六月二十五日、合化労連の総帥で委員長の太田薫が労働省記者クラブで記者会見し、半月後の総評第五回総会で高野に対抗、事務局長に立候補すると声明した。太田はその理由について、「総評の運動方針が『平和四原則』に立っているのだから、『平和勢力論』に立つ高野が再び事務局長になるのは適当でない」と主張した。

「全面講和、中立堅持、軍事基地反対、再軍備反対」の平和四原則は、〝ニワトリからアヒル〟に変身した総評第二回総会で採択された。四原則は、米ソ冷戦の国際情勢のなかで、そのどちらにも加担しない第三勢力の立場を強調してはいたが、実際には反米色がかなり強く、総評を政治性の強い戦闘的な路線に変えた。

高野はこれを一九五三（昭和二十八）年の総評第四回大会から、「アメリカは戦争勢力で、ソ連・中国は平和勢力」と見なす立場へ、さらに踏み込んだ。当時、これは「平和勢力論」と呼ばれ、第三勢力論の鈴木茂三郎らの左派社会党とも対立するようになった。

記者会見の前に太田は、三月初めの合化労連臨時大会で布石を打っていた。そこに提案した「生活を守るための戦線統一と平和運動」の方針で、総評運動が戦闘分子だけの行動の先走りとなっていて、全体として上滑りしていると指摘。労働組合としての役割を重視し、「労働者の基本的な闘争である賃上げを柱に共闘を推進すべきだ」と、高野主導の政治色の強い活動や闘争を批判、賃上げ重視の運動に戻るべきだとの主張を大会で決定していた。

太田が賃上げ闘争など労働者生活の向上に重点を置いた運動回帰を提唱した背景には、路線論争に加えて、高野指導の闘争が、日産自動車争議の惨敗をはじめとして連敗を続け、総評凋落《ちょうらく》につながっている事実があった。

高野指導による闘争の相次ぐ惨敗で総評凋落が色濃いなか、高野が４選

一九五三年の、全自動車の大幅賃上げ要求の闘争では、トヨタ、いすゞが早々に賃上げを断念して一時金だけで収拾するなか、日産分会だけは七月から無期限ストに突入、ドロ沼に陥った。出口の見えない状況の八月三十日に組合員五百六人が一斉に分会を脱退、日産新労働組合を結成して分裂する事態となった。

スト突入から約二カ月後の九月二十一日、日産分会は要求を取り下げ、「ノーワーク・ノーペイ」

日産争議の借金問題が原因で解散を決議した全自動車臨時大会（1954年12月）／労働省編「資料労働運動史」昭和２９年より

の原則確立と、課長・課長補佐の非組合員化の会社側逆提案を受け入れての闘争終結を余儀なくされた。全自動車日産分会は完敗し、分会には一億一千万円の借入金という重いツケが残った。

また一九五四年四月、高野の〝ぐるみ闘争〟で闘われた尼崎製綱所争議は、争議中に会社が不渡り手形を出して倒産。組合は七十七日間続けたストを中止、組合も解散という労使共倒れの悲劇で終わった。

日産分会の敗北はその後、闘争指導と借金問題で全自動車本部の責任追及に発展、十二月一日の臨時大会で、圧倒的多数で全自動車の解散が可決された。大会に出席した高野は、「皆さん！　もう一度冷静に、かわいい職場を、兄弟を、思い返してくれ！　借金問題でも相談に応ずるから話し合ってくれ！」と壇上から訴えたが、この時点で会場はもう、聞く耳を持たなかった。総評最強の産別組合といわれた全自動車は、こうして消滅した。

一方、日産新労組は着実に組織を伸ばして十一月には分会を凌駕《りょうが》して多数派となり、一九五五（昭和三十）年に販売、部品などの関連労組を含む自動車労連となって全労に加盟、旧労残留者を吸収して一本化した。

　一九五二（昭和二十七）年末の電産、炭労の大闘争の余波は、電産を脱退して各地の電力会社単位で結成されていた新組合が、一九五四年五月には電労連（現電力総連の母体）を結成し、電産をしのぐ組織となった。炭労でも常磐を中心に組合の分裂と離脱が相次いだ。

　さて、こんな情勢のなかで迎えた総評第五回大会は七月十二日から五日間にわたって、東京・青山の日本青年館で開かれた。二日目の一般報告に対する質疑で、「日産、尼崎の闘いの失敗に対して、もっと謙虚な自己批判があるべきではないか」「高野氏の言う『職場のなかに出来た新しい芽』とは、革命を指向する芽ということか」などの批判が相次いだ。

電産ストを契機に結成された電労連の結成大会（1954年5月）／労働省編『資料労働運動史』昭和２９年より

　大会最終日、事務局長選挙は高野・太田の決選投票となった。投票結果は、予想に反して高野百四十票、太田百七票、白票十二票で、高野は四度目の事務局長ポストを確保した。

　だが、高野―太田の対立はこれで終わりではなかった。

第40話　全産業的統一賃上げ闘争いわゆる「春闘」方式が誕生

全国的、全産業的な賃上げの統一闘争がスタート

高野への対抗と日経連の賃金政策に抵抗し、太田は総評とは別個の賃上げ共闘会議を主導

一九五五（昭和三十）年一月二十八日、東京・虎ノ門共済会館に私鉄総連、炭労、合化労連、紙パ労連、電産の五単産と、オブザーバー資格の全国金属の組合員約千二百人が参加して「春季賃上共闘総決起大会」が開かれた。

合化労連委員長の太田薫らの議長のもとで、中央、地方での共闘強化を討議。「われわれ民間主要産業を担う六単産五十一万の労働者は、遂に低賃金政策打破のために結束し、一大共同闘争に立ち上がった」と闘争宣言を採択した。いわゆる「春闘」の実質的な出発点となった決起集会だった。

第五回総評大会での事務局長ポスト争いで高野に敗れた太田だが、運動方針には一九五五（昭和三十）年の賃上げ闘争について、「全国的な、全産業的な巨大な統一闘争の規模をもって闘う」という持論を入れることには成功していた。

ところが、高野は依然として政治闘争重視の姿勢を変えようとはしない。年末の吉田内閣総辞職で鳩山選挙管理内閣が発足、新年早々の総選挙という情勢になると、春季闘争準備のための臨時大会を見送り、高野は「国民の緊急要求を掲げて総選挙と春季闘争を結べ」と、総選挙への全力方針

「春闘」の出発点となった春季賃上共闘総決起大会（昭和 30 年 1 月 28 日）／「写真記録・戦後労働運動の軌跡」より

を打ち出した。

そこで太田が仕掛けたのが、総評と別個の機関として賃上げ闘争の「共闘会議」の設置だった。太田の呼びかけに応えた私鉄総連、炭労などの五単産が十二月十八日、いわゆる〝五単産共闘〟を正式発足させた。その事務局は合化労連本部に置き、事務局長には合化出身の総評法対部長の加藤万吉を充てた。高野への露骨なまでの対抗心に、当時、〝第二総評〟の旗揚げでは、とまで喧伝された。

高野も黙って見ていなかった。一月二十一日の総評戦術会議では、「総評内に総評をつくることになる」「こんな幅の狭いものでは春季闘争には勝てない」などの批判が続出。翌二十二日の幹事会は、「五単産だけでなく、幅広い共闘会議を設置する」と太田の独走に歯止めをかけた。これに応じて、まず全国金属が、続いて三月に化学同盟と総評外の電機労連が共闘に参加、〝八単産共闘〟となった。

太田が持論とした産別統一闘争には、高野への対抗心とは別の背景もあった。日経連が年中行事的なベア闘争からの脱却を目ざし、定期昇給を重視する合理的賃金制度確立を提唱していた。太田には、これがベア抑制策と映っていた。

総評、共闘の動きに日経連は、「賃金問題の解決は国民経済的視野から企業経営を健全化し、生産性向上による製品コストの引き下げで物価を下げ、賃金制度の合理化、労務管理の改善、勤労所得税軽減による実質賃金の向上方策に努力せねばならない」との見解を発表。千葉労相も、企業の支払い能力を無視した一律ベア要求が、いたずらに労使紛争のもとになってきたと断じ、「労働生産性に見合った賃金形態、合理的賃金制度を樹立して、労働意欲の向上をはかることが必要」だと表明した。

総評は高野時代が終わり太田—岩井体制へ、官公労・民間労組一体の春闘方式が定着

こうしてスタートした八単産共闘は、第一波として三月二十七、二十八日に私鉄三十七組合、炭労大手十三組合、合化二組合の二十四時間スト決行を皮切りに、四月四日に第二波として炭労大手十四組合の無期限スト、合化三組合の二十四時間または四十八時間ストを行った。さらに四月二十七日には、第三波が計画された。

ところが、成果はそれほどではなかった。炭労は手取り三千円以上の要求に対し一月以降の昇給月二百二十円と一時金六百五十円、私鉄が基準賃金一〇％以上の要求に対し八百円（四・八％）、業界好調の合化は千三百円から二千円（平均七・八％）などを獲得した。合化を除く多くの組合の賃上げ率は前年を下回った。

共闘会議は五月十八日、「大規模なストライキの波が起きなかったことで、ジャーナリズムを失

望させたかもしれないが、賃上げは非常識という雰囲気のなかで、中労委を含めて公然と賃上げを認めさせたのは共闘の成果」とする一方、「上からの共闘という性格を克服できなかった」と自己批判して、解散した。

春闘方式が本当に定着したのは、この年、一九五五（昭和三十）年七月の総評第六回定期大会で、再度の太田・高野両派の対決が決着してからだった。太田派は高野に対抗して国労の岩井章を事務局長に立候補させた。投票結果は、岩井百二十八票、高野百二十三票、白票八票と、わずか五票ながら岩井が多かった。だが、いずれも過半数の百三十票に達せず、再投票となった。このとき、全国金属委員長の椿繁夫が発言を求めた。「高野氏が辞退を申し入れた」。

この瞬間、岩井の事務局長当選が確定、総評に君臨した高野時代が終わった。太田は副議長に就任、総評の新しい「太田―岩井体制」が始まった。

決戦直前の高野（左）と岩井（右）が壇上に並んで挨拶＝総評第６回大会（労働省編「資料労働運動史」昭和30年より）

翌一九五六（昭和三十一）年の賃上げで、総評は八単産共闘を拡大して「春季賃上げ闘争合同本部」を総評本部内に発足させた。一月に入ると、二月以降の五波にわたる統一闘争のスケジュールを発表した。官公労、民間労組が一体になって予定通りに波状ストを実施するもので、いわゆる「春闘」のスケジュール闘争の始まりだった。

第41話 労使が協力して生産性向上運動がスタート

「雇用の確保」「労使協議」「公正な分配」を大前提に

日本における生産性運動の推進をめぐり労組の多くは経営による搾取を疑い抵抗

一九五五（昭和三十）年二月十四日、日本生産性本部が設立されて、欧州各国で展開されていた生産性向上運動が日本でも始まった。生産性向上運動は経営者、労働組合、学識経験者の三者協力による国民運動としてイギリスで始まり、アメリカの援助計画「マーシャル・プラン」と結合して、第二次世界大戦後の経済復興に成果を上げていた。

ＩＬＯ（国際労働機関）は一九五二年総会の事務総長報告で、「生産性向上運動は労働条件の向上、人類の福祉増大につながる」と評価し、積極的推進を奨励。国際自由労連も、「賃金引き上げ、生活水準向上をもたらす」と、積極的な推進と協力を声明した。しかし、共産圏の労組が中心の世界労連は、「労働強化と搾取を企図するもの」と全面的に反対、労働運動の国際舞台では真っ向対立となった。

日本では、総同盟が日本生産性本部の設立前からパンフレットを作成して組合員への教宣に努めていた。これに対し総評は、三月十四日に幹事会声明を発表、「ＭＳＡ（日米相互防衛援助協定）の軍事的、政治的目標を実施させ、アメリカの日本経済支配を確実にするためのもの」だと反対。

七月の定期大会ではさらに、「生産性向上運動は搾取機構」と断じ、労働強化と賃下げ、首切りを強行し、労働運動を弾圧すると、「徹頭徹尾これを排撃」するとの方針を決定した。

総評の反対は世界労連の影響に加え、反米色を強めた高野時代の最後で、政治闘争的な面もあった。しかし、総評の傘下労組ばかりか、その他の労組でも、生産性運動反対への共感は少なくなかった。背景には、当時の経営者の労使関係への無理解が横たわっていた。

そもそも〝生産性向上〟という言葉自体、一般には耳慣れなかった。そのうえ、経営者の労働組合への日ごろの対応姿勢から、労働組合には強い不信感があった。生産性運動は経営者にメリットがあっても、労働者はむしろ、「合理化や首切りなどの犠牲が強いられるのではないか」といった、疑いや不安感を根強く抱いていた。

このような状況から、日本生産性本部は発足時、労働組合の参加がない片肺スタートを余儀なくされた。その打開のため、五月二十日、政府の関係九省と生産性本部による第一回生産性連絡会議が開催され、そこで、「世間の誤解を解き、生産性向上運動の本旨を明確にするため」として、次のような「生産性向上運動に関する了解事項」が決定された。これが今日のいわゆる「生産性三原則」である。

一、生産性の向上は、究極において雇用を増大するが、過渡的な過剰人員には官民協力して失業を防止する。〈雇用の維持拡大〉

二、生産性向上の具体的方式は、労使が協力してこれを研究し協議する。〈労使の協力と協議〉

三、生産性向上の諸成果は、経営者、労働者、および消費者に公正に分配する。〈成果の公正分配〉

不信感打破から生まれた生産性三原則は労使協議を普及させ、労使の信頼を醸成

それでも、労働組合の疑念は、完全にぬぐえなかった。総同盟は六月二十三、二十四日の中央委員会で、労働組合ばかりか政府、資本家にも誤解があると指摘、生産性運動は「国民生活の向上を目ざす総合的運動である」「労働条件の向上、実質賃金の向上をもたらすものである」「中小企業の安定とその労働者の生活の向上をもたらすものである」などの「八原則」を決め、生産性本部に共同確認を求めた。

一方、七月二十六、二十七日の全労第二回定期大会は、「直ちに生産性向上運動に参加することは危険」として、参加に距離を置く全繊同盟と総同盟との間で討論が行われる展開となり、独自の「五原則」を決定した。

全繊同盟の滝田実は機関紙『全労』（四月十五日号）の座談会で、次のように説明している。「労働法規、賃金、団体交渉などの問題で、（日経連は）われわれの前面に立ちはだかっている。観念的に賛成、反対云々ではなく、労使関係の現状をもとにして現実的に判断したい」。全繊はそのころ、労働者に犠牲を強いる綿紡の操短や賃上げなどで苦しんでおり、前年には頑迷な経営者を相手に近江絹糸人権闘争を全面勝利していた。

その後、生産性本部会長・石橋泰三の、総同盟、全労の態度はいずれも「基本原則は三原則と、精神において一致する」との表明がされた。これを受けて、九月十六日には総同盟会長・金正米吉と生産性本部会長代理・永野重雄が、総同盟の八原則と生産性連絡会議で決定した三原則の双方を「生産性向上運動の根本原則と確認、その趣旨に則り運動を展開する」との内容の「共同確認書」

に調印した。

　これによって、まず総同盟の生産性運動参加が決定し、十月には海員組合が全労の五原則の確認などの条件を提示して参加した。これを機に、その後、全繊同盟、電力労連、自動車労連なども参加して、理事を送り込んだ。

　こうして登場した「生産性三原則」は、始まったばかりの春闘で労使交渉の基調として育った。あわせて普及が進んだ労使協議制は、労使の相互信頼の醸成に大きく寄与した。

　一九五七（昭和三十二）年秋には第一回全国労組生産性討論集会が開かれた。これを契機に労働組合全般に積極的に取り組もうとする機運が生まれ、この二年後の集会には総評系組合が参加、海外視察団にも総評系主要単産の幹部が加わるようになった。

確認文書に調印して握手する金正総同盟会長（左）と永野生産性本部会長代理（1955年9月16日、労働省編「資料労働運動史」昭和30年より）

55年体制

　一九五五（昭和三十）年は、日本の政治史のうえでも重要な年であった。この年、吉田茂らの自由党と、鳩山一郎らの日本民主党が合同して自由民主党が成立、一方では分裂していた左右両派の社会党もこの年、統一された。これ以後の日本の政治体制を五五年体制という。この間、自由民主党が長期政権を維持、社会党はつねに野党にとどまった。一九九三年（平成五年）、七党連立で細川内閣が成立して、五五年以来の自民党長期政権が終わりを告げた。その翌年には小選挙区比例代表並立制を柱とする選挙制度改革が成立して、新たな二大政党制が模索された。

第42話　初の産業別統一労働時間短縮闘争で全繊同盟が深夜業撤廃

繊維産業で働く女子労働者に〝健康美〟の贈り物

「賃金」と並ぶ重要な柱「労働時間短縮」で全繊同盟が初めて産業別統一闘争を開始

八単産共闘で一九五五（昭和三十）年にスタートした春闘方式の賃上げだが、この年は見るべき成果はなかった。春闘が軌道に乗ったのは、この年の総評定期大会で高野・太田の路線対決が決着し、いわゆる太田・岩井体制が誕生してから。翌五六（昭和三十一）年春闘から総評が産業別統一闘争を主導して、この年は平均六・三％賃上げを獲得。さらに五七（昭和三十二）年には私鉄総連と炭労の高額回答引き出しを波及させて、平均八・六％の賃上げを実現、早くも「春闘相場」と呼ばれ始めた。

同じころ春闘とは別に、労働運動にとって賃金と並ぶ重要な柱である「労働時間短縮」を要求する産業別闘争を全繊同盟が組織、日本で初めての闘いを開始していた。

繊維産業には戦後も、深夜業を含む長時間労働が残っていた。全繊同盟は一九四六（昭和二十一）年暮れの第一回紡績産業復興会議で「週休・実労八時間」を協定し、翌年四月には帝人、倉敷レ、東レの化繊三社で「週休、拘束八時間・休憩四十五分制」が一旦実現したが、やがて賃上げと引き換えに従来の実働八時間制に逆戻りさせられた。

一九五二（昭和二十七）年の最初の操短時を皮切りに、全繊同盟は毎年のように拘束八時間制実現や深夜業撤廃などの時間短縮要求を掲げて操短・合理化反対闘争を闘った。しかし、繊維経営者の「時短反対」のかたくなな態度を崩すことはできなかった。

こんな状況に転機を与えたのが、「生産性三原則」を軸とした生産性向上運動の組織的拡大だった。一九五六（昭和三十一）年二月の全労評議員会は、「時間短縮に重点を置いた闘争を進めることこそが重要である」として、生産性向上運動とともに「一週四十二時間労働制を法制化する運動」の積極的推進を決定。七月の第三回大会でもこの方針を確認した。

これを受ける形で全繊同盟は六月の第十二回大会で、「拘束八時間制の確立を目標に、当面深夜業（二交替の場合は午後十時以降）の撤廃に全力を注ぐ」など、時短闘争の基本方針を決定。明けて一九五七（昭和三十二）年二月の中央委員会では、勤務形態ごとに、現行賃金の引き下げなしで実労七時間～七時間十五分、拘束八時間とする時短要求、それに要求提出からスト権確立、実力行使決行までの闘争スケジュールを決定した。

実働7時間45分と深夜業撤廃を勝ち取った歴史的成果

闘争開始に当たって、闘争目標と意義を三十二万の組合員に徹底するため、会長の滝田実ら幹部が三期に分けて全国をオルグ、各支部で組合員の質疑に答えた。同時に、時短標語や替え歌の募集も行って、「深夜業やめてあなたの健康美」（鐘紡山科、岸上文子）や「短縮のそれだけ伸びるわがくらし」（大和紡金沢、小坂竹雄）などの当選作を、ステッカーに印刷して全国の職場やその周辺

時間短縮要求貫徹総決起デモ（1957年6月10日・東京、労働省編「資料労働運動史」昭和32年より）

に貼り出した。

こうして一九五七（昭和三十二）年三月一日、各部会が十五分の時短要求（化繊は四十五分）を提出、四月上旬から各部会とも集団交渉を開始した。しかし、経営側は国際競争力を弱めるとして頑強に譲らず、全繊は五月、部会毎に中労委に斡旋申請。ここでも進展がなく、中労委も斡旋を打ち切ってしまった。

全繊中闘はこのため、六月十日に東京・新橋駅前で総決起大会を開催、経営者の「利潤の打算以外なにもないという頑迷不遜の態度」に、平和裏に解決する希望は断たれた、と実力行使の決行を発表した。

各部会が七月五日の二十四時間全面スト突入態勢を整えるなか、化繊部会では第三者斡旋員が再び斡旋に乗り出し、徹夜の末、十九日午後四時に「拘束時間八時間十五分（三十分短縮）、三十二年十月実施、賃金据置」の斡旋案を提示、労使双方が受諾して六月二十五日に解決した。

これが突破口となって再開された集団交渉で、綿紡の中京五社が「実働七時間四十五分（十五分短縮）」で解決した。ところが、大手十社経営側は時短分の賃金カットを主張して譲らず、交渉は再び決裂。このため、綿紡大手十社と近江絹糸、羊毛十社のうちの七社の十七万人が、七月五日午前零時から全繊同盟結成以来の大規模な二十四時間ストに突入した。ところが鐘紡がストを中止したため、続行が困難となり、全繊同盟は午前八時にストを中止、各社交渉への移行を指令した。

単独交渉に移った東洋紡労組は、六日午後一時四十五分からの無期限ストを背景に交渉、突入直前に経営側が「実労七時間四十五分、賃金カットなし、十月一日実施」を回答し、ストは回避した。ところが、会社はこの後、十大紡社長の申し合わせで時短分の賃金は払えない、と回答を撤回し、協定調印を拒否した。このため、東洋紡労組は十二日から、三重県の四工場で無期限ストに突入、綿紡各労組も時限ストに入り、九波まで反復された。この結果、綿紡各社は相次いで「十五分時短、深夜業撤廃、賃金保障」を認め、七月二十日の日清紡を最後に、全繊同盟の労働時間短縮闘争は勝利のうちに解決した。

わずか十五分（化繊は三十分）の時短であったが、経営側の頑固で古い体質を前に、全繊同盟は紆余曲折の苦しい闘いを強いられながらも、深夜業撤廃の宿願を達成した。またその後は、「生産性三原則」が労使に浸透した。春闘の定着にも「生産性三原則」が背景で作用していたことは言うまでもない。

第43話　戦後労働運動の分水嶺となった三井三池大争議

〝闘えば勝てる〟で突き進んだ三池労組は敗北し、総評運動の退潮へ

石炭から石油へのエネルギー革命を受け発生した合理化案を三池労組は全面拒否

一九六〇（昭和三十五）年、九州の三井鉱山・三池炭鉱で大争議が起きた。背景には、石炭から石油へのエネルギー革命があった。石炭鉱業審議会は一九五九（昭和三十四）年、「人員十一万五千人縮小」という、厳しい人員縮小方針を示した。石炭大手各社は軒並み、合理化案を労働組合に提案し、三井を除く各社は希望退職募集や就職先斡旋などで解決した。

三井は一九五八（昭和三十三）年九月期に二十億円、五九年三月期、九月期に十一億円と、連続赤字を重ね、経営は危機的状況だった。それ以上に問題だったのは、一九五三（昭和二十八）年の、いわゆる〝英雄なき百十三日の闘い〟で指名解雇を撤回させた以降の、職場秩序の混乱だった。三池炭鉱では〝職場闘争〟が日常化し、職場の指揮系統はマヒ状態に陥っていた。

三池労組は一九五五（昭和三十）年、会社に組合員の完全雇用をうたった「長期計画協定」を締結させた。この協定によって、坑内夫の父親が病弱で退職すると、その替わりに子弟を採用したが、坑内では働けない女子の場合もあった。このため別途に新たな坑内夫を採用するという奇妙な雇用がまかり通っていた。職制が決めるべき勤務割を、組合員同士の収入を平均化させるために、割の

良い仕事と悪い仕事を交互に交替する「輪番制」を組合員自身でつくっていた。

三井鉱山は一九五九（昭和三十四）年一月十九日、六千人の希望退職を中心とした再建案を三鉱連（全国三井炭鉱労組連合会）に提示した。予定数に達せず八月二十九日には第二次合理化案（四千五百八十人の縮小）を提案、三池を除く他の五山では応募者が予定数に達した。しかし三池では、白紙撤回を要求して応募はほとんどなかった。三池労組は十二月一日から独走も辞さずと波状ストに入り、会社は十一日、千二百七十八人に対し解雇を通告した。この時点から会社は、活動家の排除に焦点を当てた。

三池争議　仮執行着手をめぐって緊張する三川坑ホッパー
（労働省編『資料労働運動史』昭和 35 年より）

これに対し炭労は長期闘争の方針を決め、総評は臨時大会を開いて資金カンパなどの全面支援を決定。一方、経営側は協調融資を行って三井鉱山を支える体制をつくった。〝総労働対総資本〟の対決の様相が強まるなか、会社は一九六〇（昭和三十五）年一月二十五日にロックアウト、対して組合は無期限ストに入って全面対決となった。

そんななか、炭労が臨時大会で組合員一人六百円のカンパを決定したのに反対して、三月十七日に新労「三池炭鉱新労働組合」が結成され、三池労組は分裂した。新組合加入はその時点で三千人を超え、一週間で全組合員の三分の一を突破する四千六百人となった。

新労組はその後、会社と就労協定を結んで三月二十八日から入坑を強行、旧労組との衝突で双方に多くの負傷者を出したが、二千人が坑内に篭城《ろうじょう》。二十九日には暴力団による旧労組組合員刺殺事件も発生し、その後もたびたび暴力事件、流血事件が起きた。

総評指導の〝職場闘争〟は組合活動を逸脱、282日に及んだ争議で労組は完敗

争議がドロ沼化するなかで七月、各山で掘られた石炭をベルトコンベアで集めて出荷する三川坑ホッパー（貯炭槽）をめぐって、緊張が最高潮に達した。組合側は総評動員の一万人と合わせて二万人でピケを張って連日集会を開き、出荷阻止の体制を固めていた。会社が申請した妨害排除と立入禁止の仮処分申請が福岡地裁で認められ、警察側は一万人の警官を動員。七月二十一日の執行期限を控えて、一触即発の緊迫した事態となった。

事態を憂慮した政府は流血の事態回避に、就任早々の石田博英労相が七月十九日、労使に事態収拾を勧告、同時に中労委に職権斡旋を請求した。斡旋案は八月十日に出された。

①会社は指名解雇を撤回し、一カ月の整理期間を置いて、この間の勇退者には退職金のほかに五万円を加給 ②期間中に勇退を申し出ないものは自発退職扱い ③労使は生産委員会を設置、就労条件などを取り決める ④政府は離職者の就職斡旋、職場開発に努める。

斡旋案は指名解雇を事実上認めた内容だった。しかも前文では、「労組の職場闘争は行き過ぎがあった。暴力行為による法の執行阻止は遺憾である」と職場闘争が正常な組合活動を逸脱したと非難していた。

会社側は直ちに受諾したが、組合側は決断に時間が必要だった。八月十八日、炭労臨時大会が開かれ、「総合的に検討した結果、現時点において事態収拾を行わざるを得ない」と提案したが、三池労組の強硬反対で結論を先送り。九月二日に再開した大会で、「指名解雇絶対反対の理念は放棄しない」とする条件を付して可決した。

こうして収拾へ動き出したが、組合がスト解除を指令して争議が解決したのは十一月一日。会社のロックアウト、労組の無期限スト突入から二百八十二日目だった。三池労組はこの争議で千二百人の組合員を失い、総評労働運動が編み出した〝職場闘争〟方針も壊滅的な打撃を受けた。

焦点となった職場闘争は、「労働者が職場の主人公へ」のスローガンのもと、黙秘戦術や質問戦術、連日交渉戦術などで職制機能をマヒさせ、サボ、暴力行為を横行させた。これには、九大教授でマルクス主義者の向坂逸郎による徹底した労働者教育、いわゆる向坂教室での指導が、大きな効果を上げたとされる。

三池労組の完敗は、エネルギー革命に目をふさいで、「闘えば必ず勝てる」と過度の自信で突き進んだ結果だった。

三池争議は、後に総評議長の岩井章が「総評労働運動の最頂点」と評価したが、戦後労働運動の分水嶺となった激しい闘争だった。

第44話 民主社会党成立で総評と全労の対立深まる

安保国民会議への共産党参加をめぐり社会党が分裂、総評組織にも動揺が拡大

安保改定めぐる西尾末広の発言が発端で社会党は分裂、民社党の誕生となった

安保反対闘争さなかの一九五九（昭和三十四）年九月、社会党が分裂、翌年一月には「民社党」が成立した。党内右派の西尾末広が名古屋で二カ月前に、「安保改定阻止には条約解消の道筋を明らかにし党独自の代案を示して争うべきで、反対一本槍では成功しない。安保改定阻止国民会議では共産党を排除すべきだ」と述べた発言が党方針に反すると問題にされ、処分問題に発展したのが発端だった。

一九五九年九月十二日、東京・九段会館で開催された社会党第十六回定期大会の冒頭、総評事務局長の岩井章は「西尾氏に決着をつけよ」とあいさつで主張。全労議長の滝田実は、「意見の異なるものを排除する態度は許されない」と反論した。

西尾末広

大会では向坂逸郎、太田薫らの社会主義協会による「社会党を強くする会」などのグループが共同提出した、西尾処分の決議案が「反対」に大差をつけて可決され、西尾の統制委員会付議（その後の統制委は西尾の出席を得られないまま、譴責《けんせき》処分を決定）が決まった。西尾派は十月の再開大会をボイコット、十一月三十日に民主社会主義新党準備会を組織し、一九六〇（昭和三十五）年一月二十四日には「民社党」を発足させた。

民主社会党結党大会
（昭和 35 年 1 月 24 日　東京九段会館）

社会党の分裂・民社党の成立は労働界に波紋を巻き起こし、総評の各単産には組織動揺が広がった。総評の中心的単産である国労では、非主流の新生民同派が、一九六〇年二月十一日に開かれた国労中央委員会で、①政治闘争偏重から経済闘争第一主義への転換 ②社会、民社両党の並立支持 ③共産党、全学連を排除し、安保改定阻止国民会議の再編 ④スケジュール闘争の清算などを要求した。そのうえで、「八月の国労定期大会まで反総評の運動を逐次拡大し、十分な体質改善が行われない場合は、国労脱退に踏み切る」と意志統一した。

ところが、国労南近畿地本ではこれを待たずに、新生民同派が三月に執行部不信任案を提出、国労脱退の署名運動を始め、千五百人で「新国鉄天王寺地方労働組合」を結成した。

同じような動きが三月から八月の間にかけて各地で相次ぎ、仙台、岡山、郡山、京都などで新組織を旗揚げした。八月十四日には、これらの地方労働組合が東京駅会議室に集結、「全国鉄地方労働組合総連合」（全国総連）を結成した。これには盛岡、大宮工場、岡山なども参加した。

国労では、一九五七（昭和三十二）年の新潟闘争に反発した非現業労働者ら多数が脱退、これに各地の脱退者が集まって「国鉄職能別労組連合」（国鉄職能労連、一万八千人）を結成、全労に加盟していた。民社党の成立を受けて広がる組織動揺に、職能別労連は統一の働きかけを始め、一九六一（昭和三十六）年九月には、さらに各地の地方組織も統合して、「国鉄地方労働組合総連合」（国鉄総連）の結成となった。

全労は共産党参加の国民会議には不参加、民主社会主義に立脚する新党に期待した

西尾が発言でふれた「安保改定阻止国民会議」は、総評、社会党を中心に一九五九（昭和三十四）年三月に結成され、共産党も正式参加した。全労はこれを批判、参加しなかった。しかし、闘争の進展に伴って県、地域レベルでの参加について問い合わせが相次ぎ、全労は六月の常任執行委員会で、「共産党勢力との共闘を方針としている安保国民会議には参加しない」と、再確認した。

社会党分裂後、全労は十一月の第六回定期大会で「民主社会主義に立脚する政党の確立に協力を惜しまない」と、新党への期待を表明。民社党成立後には、「総評内部で育ちつつある反省と批判を正しく発展させて拡大することに努力する」との方針を鮮明に打ち出した。こうして総評と全労の対立が深まるなか、一九五九年秋には電労連と全官公が全労に加盟した。

共産党と一線を画すはずの太田—岩井の方針転換は総評の組織率を急速に下げた

国労に続いて、私鉄・バス関係でも全労傘下の私鉄労組と中立系組合が連携して、私鉄総連に対抗する新しい組織結成の準備会が一九六〇（昭和三十五）年六月に動き出し、翌一九六一年十一月に「全国民営交通労働組合協議会」（全交労）が正式に結成された。全鉱では一九五九（昭和三十四）年の期末闘争の単独スト中止で全鉱から統制処分を受けた日鉱労連や三菱金属などで、本

部の統一闘争方針への反発が高まり、日鉱労連傘下の十四単組が全鉱を脱退。一九六一年四月に、残る八単組を加えて「日本金属鉱業労働組合協議会」（鉱労）を結成した。

総評議長・太田薫の出身母体の宇部窒素でも、一九五九年の役員改選をめぐって合化労連派と全労加盟派の対立が激化し、一九六〇年には事実上分裂、合化労連派は少数派に陥った。

総評組織の動揺は社会党の分裂がきっかけとなったが、本当の要因は、共産党との一線を画することを基本に指導権を握ったはずの太田—岩井ラインが、その後、共産党との壁を低くしたことにあった。これを鮮明にしたのが一九五九年六月十六日のいわゆる「下呂談話」で、太田は記者会見で「共産党と積極的に共闘することを決めた」と語り、続く大阪談話では「安保闘争では、全労、新産別と共闘するよりも、共産党と共闘した方が良い」と明快にした。

総評と全労の組織比率の傾向は、一九六〇年を境に変化した。前年の総評五〇・八％は五年後の一九六四年には四二・九％にダウン、逆に全労は一一・四％から一四・九％へと伸びた。〝戦後労働運動の最大の闘争〟と語られることの多い「安保・三池闘争」だが、その実は総評に厳しいものだったといえる。

安保反対闘争
日米安全保障条約の改定に反対して昭和三十四～三十五年に展開された大規模な反政府、反米の政治的な闘争。社会党、共産党、総評が中軸の「安保改定阻止国民会議」中心に進められたが、三十五年五月十九日に衆議院で自民党が単独採決してから連日、デモや集会が全国的に展開され、空前の盛りあがりとなった。六月十五日には約八千人の全学連デモ隊が国会に乱入し、警官隊と衝突するなかで東大生樺美智子が死亡する事故も起きた。新条約は参議院の審議がないまま六月二十三日に自然成立した。岸内閣は六月二十三日の批准書交換の日に、混乱の責任を取る形で退陣を表明した。

第45話　総評の反対で難航した全労の国際自由労連一括加盟が実現

〝自由にして民主的な労働運動〟の未来を拓く

国際自由労連を指向して結成した総評は左旋回し、共産圏の組織と関係を深める

舞台は一九五四（昭和二十九）年四月の全労の結成前後まで遡る。全労は結成直後に、国際自由労連への一括加盟を申請した。憲章で自由で民主的な運動と国際自由労連への直接加盟を謳った全労としては、これに忠実な行動だった。この前年十一月には、総同盟も一括加盟を申請した。

ところで、国際自由労連を指向して結成された総評が、発足翌年の一九五一（昭和二十六）年の大会で、本部提案の国際自由労連加盟案を否決、いわゆる〝ニワトリからアヒルへ変身〟して左旋回したことは、読者はご存じのはず。さらに、一九五二（昭和二十七）年の第三回大会では、全繊同盟、海員、全映演などの国際自由労連一括加盟案に対して、既加盟組合までが反対して葬り去ってしまった。一九五八（昭和二十八）年には国労、私鉄が国際自由労連を脱退した。

その後の総評は、「組織的中立」を掲げて国際自由労連とは疎遠となる一方で、当時の共産圏国労組が中心の世界労連や中国総工会とは関係を深めていった。

このような情勢の下で、全労、総同盟の一括加盟申請は、大きな困難に直面し、紆余曲折をたどることになった。

国際自由労連への加盟は本来、それぞれの国単位のナショナルセンターの一括加盟が原則だった。ところが、当時は日本の労組の加盟促進のため、加盟組合は加盟労組協議会をつくって、これに加盟することをとおして国際自由労連に加盟するという形が暫定的に認められていた。この協議会の場で、総評系労組が総同盟、全労の一括加盟に強く反対したからだった。

こんななかで、総評系労組は〝全労加盟は是が非でも阻止〟する意図から、総同盟の加盟だけは急きょ認め、事態は複雑化した。この対立に国際自由労連は代表団を派遣したが、加盟協議会を廃止し、日本の単産は直接加盟させることにしただけで、肝心の全労加盟については方向すら示さないまま帰った。以来、全労の加盟申請は棚上げのまま放置され、長い漂流が始まった。

全労の国際自由労連一括加盟実現によりついに自由で民主的な労働組合が本流に

その間、全労と総同盟、全官公が統合して、一九六二（昭和三十七）年九月に同盟会議が結成された。この機をとらえ、全労は改めて国際自由労連一括加盟を申請した。

当時の加盟十一単産のうちの全繊同盟、電労連、海員、自動車労連、全映演など全労傘下の五単産は当然、賛成を表明。これに対し、総評の全逓、炭労、都市交、全鉱、日教組は、「一括加盟で新国労、全特定（その後の全郵政）などの第二組合が国際自由労連に加盟することは耐えがたい」などとして反対した。

全労問題を審議する国際自由労連の執行委員会は、翌一九六三（昭和三十八）年三月に開かれた。出席した海員の組織部長で全労書記長でもある和田春生は開会の前日にベクー書記長から招かれて、本部勧告案を見せられて協力を要請された。その内容は、総評が強く反対していることが長々と書かれたうえ、「全労が加盟を強く迫らぬよう勧告する」と結論付けていた。

愕然とした和田は、その場で勧告案の内容変更をベクーに迫った。その結果、次回の執行委員会まで決定を延期し、その間に代表団を日本に派遣して調整に当たることで、かろうじて妥協ができた。

イェイャー会長、ベクー書記長らの代表団は十月に来日、十日間にわたって総評系と同盟会議系労組の意見調整に当たった。ここでも、両者の一致点には至らなかったが、代表団は「調査結果を執行委員会の討議に提出するまで、見解を差し控えるのが適切である」との発言を残して、羽田を飛び立った。

次の第三十四回執行委員会は一九六四（昭和三十九）年三月二日から五日まで、ブラッセルの本部で開催された。日本からは和田が執行委員として出席。全労加盟に関する審議は、二日目の議題に乗せられ、まず日本派遣代表団の「調査結果報告書」が発表された。

報告書は「国際自由労連の新規加盟が全労系組合から増え、全労のすべての主要組合が自由労連に参加するに至った。総評系では一九五八年に大単産（国労を指している）の一つが国際自由労連から脱退し、新規加盟は一つもなかった」と、活動の現状から、どちらが規約に忠実であるかを客観的に判定した。

全労には、総評から分裂した第二組合がいるというのが、総評の強い反対の理由だったが、これについては、「全労は適切な審査の末に、組合としての正しい性格に満足したので認めたもので、非難は間違っており、全労への侮辱は国際自由労連憲章の保障する組織の自主性に対する干渉である」と退けた。最後に結論として、「国際自由労連の掲げる諸理想に一致している全国組織の加盟を妨げるなんらの正当な理由もない」と明確に述べた。

そのうえで、勧告は、「全労の加盟申請を原則として受理する」と明記した。報告、勧告とも承認され、全労の加盟は満場一致で決定された。全労の国際自由労連一括加盟は、四月一日に正式に発効、名実ともに実現した。全労結成直後の加盟申請から、実に満十年という長い日時が経過していた。

その後の同盟、そして連合へと続いた労働戦線統一の過程で、自由にして民主的な労働組合はつねに重要なキーワードとなった。全労の一括加盟の実現は、その後の歴史の方向性を指し示す重要な道標となった。

第46話　民主的労働運動の大同団結、生みの苦しみを経て同盟が誕生

民主的労働組織「全労」と「総同盟」が統合

全労と総同盟という二重構造ゆえに必然的とも言えた組織競合問題が表面化

「全労」は一九五四（昭和二十九）年の結成以来、左傾化した「総評」に対抗、日本の労働運動を二分する民主的労働組合の結集体として存在感を発揮してきた。ところが、その組織は深刻で運命的ともいえる内部矛盾を抱えていた。

「全労」という全国団体のなかに、「総同盟」という全国中央組織が存在するという、極めて変則的な二重構造だった。結成から五年後の一九五九年ごろから、この組織的な矛盾が、総同盟と全労の組織競合の形で表面化してきた。

そのころまでに、全労の地方組織（地方全労）は四十四都道府県に設置され、〝百日闘争〟の末に結成された自動車労連（現日産労連）が全労に加盟、一九六〇（昭和三十五）年には電労連（現電力総連）、王子製紙新労組、全郵政（当時は全郵政と全特定）、新国労（後の鉄道労組）が加盟した。全労組織の着実な拡大強化を意味したが、その半面で全労内の総同盟と総同盟以外との、組織的比重が微妙に変化した。

加えて、総同盟には府県連合会が存在し、地方での二重構造も両者の心理的葛藤を生じさせた。

例えば、地方全労オルグが新しい組合をつくって、その組合が加入できる適切な産別組織がない場合は、総同盟の府県連合会に加入したが、財政基盤の弱かった総同盟府県連合会の全労への会費納入率が低かったことで、地方全労や全労加盟組合の不満が高まった。

当初は水面下のことだった葛藤や不満が、一九六〇（昭和三十五）年六月、新しい私鉄労働組合の結成を目ざして新潟県私鉄労働組合連合会と広島全労傘下の広島電鉄労組が活動を始めたことで、一気に表面化した。六月三十日、両労組の呼びかけで山陽電軌、越後交通、防長交通、蒲原鉄道、弘南バスなどの代表が東京に集まって、全労を指向する一万数千人の交通労働組合の結成を話し合った。八月には世話人会で、新組織の名称を「全交労」（全国民営交通労働組合協議会）とし、結成大会を九月末と決めたことが火に油を注いだ。

総同盟には傘下に三万人の全国組織「交通同盟」（全国交通運輸産業労働組合同盟）があり、「私鉄総連を脱退した民主的交通産業労組は交通同盟に加入するのが筋だ」と強硬に主張した。この事態に、全労・総同盟のトップが会談したが、九月の結成大会を延期させただけで、折合いはつかなかった。総同盟は十月の第十五回大会で、①加入新組合は原則、既存の産別に加入する　②整理し難い中小組合は総同盟の府県連合会に加入させる、と従来の主張を方針で確認した。

民主的労働戦線の統一という目標のもと、ナショナルセンター「同盟」結成に至る

全労と総同盟の厳しい対立がそのまま、年を越した一九六一（昭和三十六）年一月十一日、全労の第七回定期大会が始まった。当然、組織競合問題が焦点の一つとなった。

全日本労働総同盟（同盟）結成大会（1964年11月11日）
「ものがたり戦後労働運動史Ⅵ」より

書記長・和田春生は経過説明に続く代議員からの質問に答えて、「飛躍に飛躍を重ねながら、新しい発展の段階を迎えたことの証左として出てきたのが総同盟との組織競合で、決して全労の組織と運動が行き詰まったからではない」と強調した。さらに、「現象だけをとらえての解決策ではならない。全労、総同盟の分裂は民主的労働運動にとっての不幸であるとの見方では、互いに一致している。相互理解と友愛の精神でこの解消に当たりたい」と決意を述べた。

前年の大会決定にもとづいた組織審議会答申の報告が、和田の決意を補強する役割をした。答申は、「競合問題の適切な解決は、民主的労働戦線の強化をはかるため、極めて重要、かつ喫緊の問題」として、民主的労働戦線の強化拡大という視点からの問題解決を強く促していた。

六月には、組織審議会が総同盟との話し合いを始めるための特別委員会の設置を決め、十月からは全労・総同盟、双方の首脳による話し合いを開始、非公式も交えて粘り強く回が重ねられた。そして一九六二（昭和三十七）年一月に、「民主的労働戦線統一再編要綱」としてまとめられた。

全労と総同盟が共に苦しみ、一時は「協議離婚も仕方ない」とさえ囁かれた組織競合問題だったが、民主的労働戦線の統一という目標を一致させた双方の努力が実を結び、組織統合への歯車が力強く回り始めた。

全労は一月十八日からの第八回定期大会に再編要綱を提案、新組織ができるだけ早く完全に一本化した強固な中央組織となるよう、あらゆる努力をする、との方針を決定。大会後、ただちに新組織への準備に入った。

こうして、「同盟会議」（全日本労働総同盟組合会議）が一九六二（昭和三十七）年四月二十八日に結成された。それからほぼ二年半後の一九六四（昭和三十九）年十一月十一日、東京・九段会館に全国から千二百人が参加して、完全に一本化したナショナルセンターとしての「同盟」（全日本労働総同盟）の結成大会が開かれた。

初代議長には同盟会議議長を務めた中地熊造（海員組合長）、会長代理（副会長）に滝田実（全繊同盟会長）、書記長に同盟会議事務局長・天池清次（総同盟総主事）を選出した。結集したのは二十二単産、百七十万人。全労、総同盟は前日に、それぞれ臨時大会を開き解散した。

総同盟にとっては、この第十九回全国大会が最後の大会となり、一九一二（大正元）年の友愛会結成以来五十二年の歴史を閉じた。しかし、民主的労働運動の流れが消えたわけではなく、より強固なものとなった。

同盟の「一九六五年度運動方針」は、福祉国家の建設を目ざし、組合民主主義、産業民主主義、政治民主主義、国際民主主義を指導理念とし、労働組合主義に立脚して左翼労働運動の克服を強調。さらに総評に対しては、「依然として容共路線である」と厳しく断罪した。そこには、総評が昭和三十年代後半以降、組織的停滞を続ける一方で、同盟が組織を伸ばしているという自信が滲み出ていた。事実、同盟は結成大会以降も組織を伸ばして、民間労組の組織人員では一九六七（昭和四十二）年に総評を上回った。

一九六五（昭和四十）年以降のベトナム戦争の緊迫化に伴って、総評は米軍のベトナム撤退を要求して抗議行動を活発に展開、翌一九六六（昭和四十一）年には「ベトナム反戦」を中心とした10・21ストを呼びかけた。このストに対しても同盟は強い非難を浴びせ、「政治ストは組合民主主義を崩壊させるものである」と反対声明を出した。さらに、一九六七（昭和四十二）年の運動方針で、「ベトナム戦争について、アメリカ軍の撤退を叫ぶ一方、相手方である北ベトナムの内戦行動や、これを支援している共産勢力の行動を鼓舞・激励する運動は、平和運動の名に値しない」と、総評などの反戦平和運動に反対を表明した。

その一方で同盟は、第二次世界大戦終結後に進行して来たソ連（現ロシア）によって不法占拠された北方四島（歯舞群島、色丹島、国後島、択捉島）の返還を求めて一九七〇（昭和四十五）年八月に根室の納沙布岬で全国集会をはじめて開催、「北方領土返還要求運動」を開始した。

第三章　労働戦線統一のあゆみ

対立と挫折を乗り越えて連合結成へ

第47話 労働戦線に新たな波紋を投げかけたＩＭＦ・ＪＣ結成

自由にして民主的な金属産業の労働組合が結集

４団体に分裂していた日本の労働運動に「ＪＣ」という横串でつないだ組織が誕生

「もはや戦後ではない」と、経済白書が書いたのは一九五六（昭和三十一）年。それから数年後に、日本の高度経済成長が始まった。一九六四（昭和三十九）年には、ＩＭＦ（国際通貨基金）八条国への移行とＯＥＣＤ（経済協力開発機構）加盟を果たし、日本は「開放体制」に突入、国際化の嵐をまともにかぶり始めた。政府は貿易自由化大綱を策定し生産設備の大型化・近代化、企業の大型合併、集団化やコンビナート化などを推進した。

そのころ、国際産別組織の「国際金属労連」（ＩＭＦ）が、日本の経済復興を注意深く観察しながら、日本の金属労働組合に強い関心を寄せていた。有数の工業国・日本の本格復興に、公正競争の確保という視点からも、日本との交流・提携を強く望んでいた。

一九五二（昭和二十七）年、総同盟総主事で造船総連書記長の古賀専と総評金属の佐野芳雄が、ＩＬＯ金属工業委員会に日本の労働代表として出席した際、ＩＭＦ書記次長のダンネンバーグが接触してきた。古賀と佐野はレマン湖畔の高級レストランで、ＩＭＦのハリー・ダグラス会長、コンラッド・イグル書記長同席のもと接待を受け、日本の金属労働組合や金属労働者の状況などについて意見交換した。

ＩＭＦは一九五四(昭和二十九)年には、ＩＬＯ総会に出席中の全金同盟主事の天池清次にも接触、チューリッヒのＩＭＦ総会へのオブザーバー参加を招請した。全金同盟は井堀繁雄（副会長）を出席させ、その際、日本の金属労組のＩＭＦ参加について、全金同盟だけでなく鉄鋼労連、電機労連、造船総連などの具体的な単産名を挙げて要請した。これを受けて全金同盟は、ＩＭＦへ直加盟を申請したが、「日本の労働組合の足並みがそろうまで待ってほしい」と、本部は留保した。

その後、ダンネンバーグ自身が来日した。東京に三カ月滞在して、金属労組の主要指導者に積極的に会って自分の耳と目による調査を行った。その結果、強く認識させられたのは、日本の金属労組が異なる上部団体のもとに四分五裂の状態であり、しかも激しく対立、抗争を続けているという現実だった。

かつてジュネーブで会った全逓の宝樹文彦から、「日本の金属労組をまとめて大きく組織加入させるには、少し待った方が良い。拙速はまずい」と忠告された意味を、実感する滞在となった。そのうえで、ノースウエスト航空から引き抜いた瀬戸一郎を所長にして、一九五七（昭和三十二）年に日本事務所を開設した。

金属労組の状況を知ったダンネンバーグは、日本労組のＩＭＦ加盟はアメリカなどの「直加盟方式」より、「協議会方式」でまとまって加盟する方法がベターだという思いを強くした。ＩＭＦ本部も、「現状のままの個別加盟方式では、会議の代表選出などでトラブルが起き、本部として処理できない恐れがある」と、協議会方式による一本加盟、つまり「ＪＣ（日本協議会）方式」を決めた。

このＪＣ方式は、総評、同盟、新産別、中立労連という四つの団体に分裂した当時の日本の労働運動に、ＪＣという〝横串でつないだ〟金属産業労組の新たな団体を誕生させることを意味した。そのころ、金属関連の労組は鉄鋼労連から左派の全国金属、全造船も含めた「金属共闘」を組織していて、総評の影響を強く受けていた。ＪＣ方式を最も強く望んでいた鉄鋼労連書記長の宮田義二は、「ＪＣ方式をとれば外部の左派や総評の影響を受けることもなくなる」と歓迎した。

ＩＭＦ・ＪＣの結成は新たな波紋を投じ日本の労働戦線統一への出発点となった

「国際金属労連日本協議会」（ＩＭＦ・ＪＣ）の結成準備は順調に進んで、一九六三（昭和三十八）年五月に準備委員会は、協議会の目的を「自由にして民主的な日本労働運動の育成、強化、発展に寄与する金属産業労働者の総結集組織をもって国際金属労連のもとで活動する」と明示した要綱案を発表して協議会の結成を提唱、各単産・単組に参加を呼びかけた。

IMF-JC 結成大会（昭和 39 年 5 月 16 日）
祝辞を述べるグラデル IMF 書記長

ところが、結成大会四カ月前の一九六四（昭和三十九）年一月十六日に、東京ステーションホテルで行われた最終の打ち合せ会の席上、準備の中核にいたはずの全金同盟が突然、ＪＣへの参加中止を表明した。「加盟単産の自主性を強く拘束し、同盟、総評の枠を超えた結集にねらいがある」というのが理由とされた。ＩＭＦには加盟するが、ＪＣには反対という姿勢をとった。

一方、鉄鋼労連は組織内の左派勢力を説得しきれず、労連としての加盟はかなわなかった。鉄鋼の参加は宮田の出身母体・八幡製鉄労組と中山製綱労組の二組合にとどまった。

五月十六日、東京青山の日本青年館でＩＭＦからグラデル書記長、ダンネンバーグ書記次長も出席して結成大会が開催された。正式加盟したのは電機労連、造船総連、全国自動車、全機金の四産別と、八幡などの二組合。自動車労連などのオブザーバー加盟を含め約七十万人だった。

ダンネンバーグの接触から十二年、長期かつ慎重な準備にもかかわらず、ＩＭＦ・ＪＣは小粒なスタートだった。しかし、結成自体が日本の労働戦線に新たな波紋を投じ、労働戦線統一への出発点となった。

第48話　金属４単産の集中決戦成功、ＩＭＦ・ＪＣは春闘主導勢力に

高度工業国にふさわしい賃金と生活水準を目ざす

日本の労働運動の中心的な団結体を自負しＩＭＦ・ＪＣが賃闘の相場形成グループに

「ＩＭＦ（国際金属労連）との連帯への窓口」としてスタートしたＩＭＦ・ＪＣ（以下ＪＣ）は三年目に、懸案の鉄鋼労連の加盟を実現させて百万人組織となった。さらに八年目には自動車総連、

全金同盟などを加えて二百万人へと急速に組織を伸ばし、労働界第三の勢力に発展した。

ＪＣ結成時の大会宣言に、次の文面がある。

「労働条件の維持改善と経済的地位の向上促進を国際労働運動の分野で果たす以上、国を単位とした一つの発言権を持つ必要性と、結成を機に日本の労働運動の中心的な団結体として確固たる地位を築き、日本の労働運動のより正しい、そして自由な労働運動の発展に全力を挙げる」。表看板「国際連帯への窓口」の内側には、労働運動の主導権獲得への並々ならぬ意欲が秘められていた。

その具体化は、鉄鋼労連の正式加盟の翌年、結成から四年目の春闘に始まった。一九六七（昭和四十二）年春闘でＪＣは、「賃金闘争連絡会議」を設置して初参加、「賃金闘争アピール」を発表して傘下組合の団結力を誇示した。

総評主導の春闘共闘委はこの年、四月の統一地方選を挟んで、民間産業労組が主体の前段と、私鉄・官公労決着の後段と、春闘を二段に分けた作戦を組んだ。ところが、前年まで民間の主力だった合化労連が、東洋高圧、信越化学、積水化学などの有力組合の脱退で深刻な組織動揺に見舞われて後退。それに代わる形で、ＪＣグループの鉄鋼労連、電機労連、造船総連がパターンセッター（相場形成の先導役）に躍り出た。

鉄鋼の大手五社が四月十二日、前年比千円増の四千三百円（定昇込み）でまず妥結、四千円台相場へ突破口を開いた。二番バッターの電機は、松下の四千九百五十五円を筆頭に傘下各労組が四月二十一日前後におおむね四千五百円、さらに造船総連傘下の各労組も二十七日前後に四千五百円以上の、それぞれ鉄鋼を上回る金額で妥結した。

後段の私鉄は、鉄鋼と同額の四千三百円で五月十三日にストなしで妥結。続く公労協も公労委の調停を蹴って第一波ストの後、仲裁に移ったが調停と同じ内容の「六・五％プラス三百円」（定昇込み一人平均四千三百五十九円）の裁定で収拾した。

この年の民間賃上げ（労働省集計）は、平均四千三百七十一円と、前年より約千円増となったが、鉄鋼回答は高額回答を切り拓いたばかりか、私鉄、公労協の最後まで強い影響を与える春闘となった。新聞などマスコミは「ＪＣ春闘」と表現してもてはやした。

金属労協（ＪＣ）は見事な結集力と交渉力で総評中心の春闘から「ＪＣ主導」印象づける

ＪＣはこの年の活動方針で、今後の春闘で中核になる決意を、次のように宣言した。

「われわれは今回の経験を土台にして、これからの賃金闘争の中心勢力はＪＣに結集した金属産業労働組合に移行する必然性を認識し、その果たすべき役割を正しく理解しなければならない。ＪＣ加盟の各単産が、その産業上、組織上の比重からしても、今後の賃金闘争の中核として大きな影響力を持ち、社会的にも期待される存在になってきたのである」。

翌一九六八（昭和四十三）年春闘でＪＣは、初めての「賃金白書」を発表。高度工業国にふさわしい賃金水準と高い国民生活の実現を目標に定めた。これを契機に春闘相場づくりへの影響力を次第に強める一方で、一九七四（昭和四十九）年の協議委員会では、名称を「全日本金属産業労働組合」（略称：金属労協／ＩＭＦ・ＪＣ）に変更を決め、金属産業労組の共闘組織であり、運動体であることを名称からも明確にした。

一九七三（昭和四十八）年九月の定期総会で議長に就任した鉄鋼労連の宮田義二は、翌年の七四年春闘で、鉄鋼、電機、造船、自動車の金属四単産が同じ日の交渉で同額回答を引き出して妥結する「同時決戦・同額決着」を提唱して、さらに意欲的な勝負に出た。

しかし、七四年春闘は石油危機による狂乱物価を受けて厳しい春闘となり、「同時決着」したのは鉄鋼と造船だけ、「同額」でもなかった。そこで宮田は、七五年春闘では「できるところから」と、鉄鋼、造船の二単産による〝スクラム・トライ〟を呼びかけ、四月九日に鉄鋼は一万八千三百円、造船が一万八千二百円で妥結し、春闘の上限相場を形成した。

そして提唱から三年目の七六（昭和五十一）年春闘で、ついに〝同時・同額決着〟の「集中決戦」が現実となった。四月十四日午前十時、鉄鋼の一万二千円の回答引き出しを皮切りに、他の三単産各単組が相次いで引き出した回答は、鉄鋼回答を中心に最大五百円幅に集中した。長期の闘争が続き、業種間格差も目立ったなかで、ＪＣは結集力と交渉力を見せつけ、名実ともに春闘の主導勢力としての地位を内外に誇示した。

電機労連は実は、前年まではＪＣと春闘共闘委の双方で戦術を天秤にかけていたが、この春闘から重点をＪＣの場に移した。これが「ＪＣ主導型」春闘を一層印象づけ、総評中心の春闘共闘委の地盤沈下を印象づけることになった。また、ＪＣが主導権を発揮し始めた一九六七（昭和四十二）年、総評の民間労働組合員数が労働省発表の調査で、同盟に逆転された。産業構造の変化を背景に、総評には大きな危機が忍び寄っていた。

第49話　宝樹論文に総評主流派内部が大揺れ

元旦の新聞紙上に躍った〝労働戦線統一〟の文字

全逓の宝樹委員長が労働戦線統一を提唱、そのために〝共産党との絶縁が不可欠〟と強調

一九六七（昭和四十二）年の元日付『毎日新聞』朝刊に、「宝樹全逓委員長、労働戦線の統一を提唱、日共と手を切れ」と大きな活字が躍った。全逓委員長の宝樹文彦が年頭に当たって、「労働戦線統一と社会党政権樹立のために」と題する論文を全国の主要労組、学者、文化人に送り、一月発売の雑誌『月刊労働問題』二月号にその全文を発表。これを毎日新聞が事前に特ダネ報道した。

論文で宝樹は、「西欧・北欧諸国の労働党・社会党政府は、各国の労働戦線が統一された基礎の上に打ち立てられている。…日本の労働運動の階級闘争至上主義とか労使協調主義などという言葉だけの論争や、政党レベルの「修正主義」対「教条主義」という実り少ない観念論争は速やかに乗り越えねばならない。総評・同盟などの既存団体の組織いじりを云々するのでなく、広範な労働戦線統一をはからなければならない」と、労戦統一への方策を真剣に追求するよう呼びかけた。

この主張の背景として宝樹は論文で、総評・同盟などの既存労働団体の枠を超えたIMF・JC（金属労協）の結成を、労働戦線の基盤形成に向け、金属労働者が率先して前進した姿として「正しく評価されねばならない」と述べ、「既存の労働団体が強烈な平手打ちを受けた感があった」と絶賛した。

同時に共産党について、「独善的排他的な行動は、日本の労働者階級全体が心から念願し熱望している労働戦線統一達成の努力に対し、次々と幾多の阻害要因を持ち込んだ」と指摘して、共産党との絶縁が不可欠だと強調していた。

宝樹論文に対し、前議長で合化労連委員長の太田薫は一月九日、総評幹事会に意見書を提出、「今日の分裂の主役は民社、同盟の一部幹部だ。このような分裂行為を夕ナ上げにした無原則統一論はあり得ない」と反対した。宝樹は即座に記者会見で、「太田の意見は時代遅れの戦前型労働運動」と反論。二月の総評第三十三回臨時大会でも太田、宝樹が鋭く対立、賛否両論が総評内に沸き起こった。

宝樹論文は民間組合には共感を呼んだが、総評内は原口4原則でかろうじて激突を免れた

春闘後の各単産定期大会はどこも、宝樹論文をめぐる労働戦線統一問題が大きな議論となった。議論は概ね「階級的立場を堅持し、闘う組合として政治、平和闘争を推進する立場から労働戦線統一を」(日教組、国労、動労など)と反対を鮮明にする産別と、「総評の体質改善に努力しつつ、賃金、社会保障などの具体的課題で共闘するなかで労働戦線統一の努力をすべき」(全電通、全日通、電機労連など)と賛成する単産に、二分された形となった。

一方、総評は七月の定期大会に向けた運動方針案で、「階級的な立場に立った闘う労働戦線の統一は緊急の課題。イデオロギーで差別するのでなく、諸要求を基礎に統一を達成すべき」と方向性をあいまいにした。しかし、拡大評議員会で事務局長・岩井章は「全逓の提起している考えには反対だ」との態度を表明した。

総評内の議論はエスカレートして、〝階級的に闘う労働戦線統一を〟と宝樹論文に反対するグループと、〝現実的な要求課題実現を基礎に統一を〟と論文に賛成するグループに、主流派組合内の対立が深まるなかで、七月十九日から始まった第三十四回定期大会に持ち越された。だれもが両派の激突必至と予想した。

しかし、大会二日目に中間的立場をとっていた全鉱委員長・原口幸隆が調整に乗り出し、①賃上げ、時短などにより全国中央組織、産業別組織で共闘の組織態勢をつくる②相互に組織の奪い合いをしない③各組織の政治的路線は認め合う④共産党を含む政党の支配を排除し、資本の組合支配に対し独立性を確立する―、のいわゆる「原口四原則」を提案。舞台裏の調整もあって、大会はこれを統一の基準として尊重していくことを確認して、主流派内の左右両派激突はかろうじて回避された。

定期大会後、総評は同盟に、共同できる問題についての話し合いを申し入れた。しかし、同盟は総評内部の論争を「左翼労働運動の行き詰まり」と批判し、八月の中央評議会で、「共産主義労働組合の路線を克服するに至らない労組との無条件の統一は無意味だ」と、総評との話し合いを拒否した。

高度経済成長時代とともに産業の高度化が進展し、日本は世界屈指の先進工業国となった。しかし、労働条件では欧米各国に比べはるかに低い賃金と長時間労働、それに厳しい合理化に労働者は苦しんでいた。しかし、官公労中心の総評は階級闘争路線の闘争至上主義の指導理念から抜け切れず、合理化に絶対反対を叫ぶのみで政策的対応を欠き、民間組合で批判が高まっていた。そんな背景のもとで一九六六（昭和四十一）年以降、総評では民間有力企業の組合が相次いで単産から脱退する動きが続き、組織動揺に見舞われていた。

宝樹論文は民間の労働組合に広く共感を呼んだが、総評内の議論は依然として旧態依然で、階級的イデオロギーに支配されていた。それに揺さぶりをかけたのが、中央のＩＭＦ・ＪＣ結成と同様、地方ごとに労働団体の枠を超えて、共通する諸課題に取り組もうとする動きだった。

第50話　民間労組先行による労働戦線統一の動きが加速

〝労戦統一の起爆剤〟全民懇に押されて世話人会ができたが、またもや空転

大阪で主要民間労組16組合が全民懇を結成、労働戦線統一の論議は地方で急速に活発化した

「宝樹論文」（一九六七年一月）をきっかけに、労働界には労働戦線統一をめぐるさまざまな論議が巻き起こった。しかし、階級的立場の「闘う労働戦線の統一を」の主張と、「現実的な要求課題で統一を」という労働組合主義の主張が対立し、その溝を深めた総評に象徴されるように、労働界全体では具体的話し合いに進めないまま三年が経過した。

停滞感が漂うなかで新年を迎えた一九七〇（昭和四十五）年一月、再び宝樹が論文で「労働組合主義を中心に労働戦線統一を二年後に実現しよう」と、今度は統一実現の時期を明示した提起をし

た。同盟会長の滝田実も「労働組合主義・民主的労働運動にもとづく労働戦線統一」を訴える論文を発表した。二つの論文は元日付の読売新聞で「組織のワクを越えて　政党対立持ち込むまい」という見出しで報道され、統一の動きに新しい一石を投じた。

この直後、同じ月の二十二日、大阪の松下労働会館に有力企業の労組委員長が顔を連ねた。八幡製鉄、住友化学、住友金属、武田薬品工業、小松製作所、トヨタ自動車、日本石油、キリンビール、松下、東芝など、日本の代表企業の労組委員長ばかり、大きな影響力を持つ面々だ。出席はなかったが三菱重工、王子製紙、旭硝子、三越百貨店、ブリジストンタイヤも名を連ねていた。集まった組合の上部団体はそれぞれで、総評、同盟から中立までを横断する大物委員長の集まりだった。

会合は松下労組の高畑敬一の呼びかけで開かれ、参集した委員長達は全民懇（全国主要民間労組委員長懇話会）の第一回会合を開いて、参加十六組合で正式に発足させた。

労働戦線統一の論議は、中央では方向性の見えない議論で、時間の浪費に終始していたが、地方では総評、同盟などの既存の団体のワクや考え方にとらわれない民間労組の結集が、急速に活発化していた。

一九六八（昭和四十三）年二月の神奈川県を皮切りに、その後、福岡、山口、和歌山、静岡、京都、岡山などで相次ぎ、七〇年までには太平洋ベルト地帯のほとんどの工業県で問題意識を同様にしたさまざまな組織ができていた。その名称は「懇談会」「懇談会議」「連絡会議」「研究会」などと一様ではなかったが、総称して「民労協」と呼ばれた。

組織形態もさまざまだったが、それらは①総評、同盟、新産別、中立労連の既存の組織にとらわれない新組織②民間労組が中心③官公労偏重の総評の政治路線に批判的④市民団体との連携など地域ぐるみの闘争を目標にする、などで共通点があった。

中央でも、既存団体のワクを越えた主要民間単産を中心に、書記長クラスが集まる「労問研」（労働問題研究会）ができていた。

大阪では高畑が関西電力労組委員長・片岡馨や全繊同盟大阪府支部長・山田精吾らと、「大阪民労協」（大阪民間労働組合連絡協議会）を、全民懇に先立つ三カ月前に発足させた。民労協の結集の盛りあがりをバックに、労働戦線統一の歯車を具体的に回す役割を、高畑は全民懇に担わせたいと期待していた。

拡大する全民懇は民間労組先行の統一で意思統一、総評は全的統一の姿勢を固持

日ごろ接する組合員との会話から高畑は、彼らが強く求めているのは減税、物価、社会保障、公害など、生活に直結した政治課題の解決だと直感していた。賃上げ闘争だけではその解決にならないし、総評などのイデオロギーに固執した運動では新しい時代に対応できないと実感していた。

高畑が仕掛けて発足した全民懇は、「民間労組を中心に、新しい労働組合主義に立った労働戦線の統一」を基本方針に掲げ、「各地の民労協と連携していく」とうたった。同年（一九七〇年）三月の第二回会合で「全民懇の拡大と戦線統一へのアピール」を行い、名称から〝主要〟の二字を取って「全国民間労組委員長懇話会」として、すべての民間労組に参加を求めた。

六月には東京で、拡大した二百四十三組合が参加して第三回会合を開催、「全民懇は労戦統一の

ため起爆剤、捨石となる。統一の主役は単産が中心となる」と確認。さらに九月の大阪会合では、参加組合が三百四十八に増えて、「戦線統一は実践の段階、主要な単産委員長が同一のテーブルについて具体的話し合いを行うよう要請する」と決議した。

矢継ぎ早の全民懇の行動に押されて、十一月十一日にはついに「世話人会」（労働戦線統一世話人会）が発足、「当面、民間労組が先行して産業別組織が主体になって統一を進める」ことでほぼ意思統一した。原口幸隆（全鉱）、宮田義二（鉄鋼）、天池清次（全金同盟）、前川一男（電力労連）、清田晋亮（電機労連）、小方鉄蔵（全機金）の六人のメンバーで発足、年内に「発起人会」を発足させる目標を立てて、その人選を始めた。

一方、総評は八月の大会で、①すべての組合、労働者の大同団結②資本に対する戦闘性、などの「統一四原則」を決定。官民の労働組合が統一する「全的統一」でなければ反対の姿勢を鮮明にしていた。世話人会の発足に総評は警戒感を強め、労戦統一特別対策委員会を設置して原口、宮田に対して総評方針に従うよう圧力をかけた。

この影響を受けて発起人組合の選定作業は難航し、世話人会が掲げた発起人会の「年内発足」は果たせないまま、年を越さざるを得なかった。

第51話 結成した22単産会議も総評の「全的統一」主張に屈す

労働戦線統一の論議は対立・混乱し困難を極めた

労働戦線統一へ向けた動きは混迷の末「22単産会議」発足にこぎつける

「宝樹論文」を機に始まった労働戦線統一の動きは、紆余曲折を経ながらも世話人会から一九七二（昭和四十七）年には「統一連絡会議」へと進んで、展望が見えたかに思えた。だが、その後もいくつもの障害と混乱が待っていた。

まず、「世話人会」（一九七〇年十一月発足）が目ざした発起人会の年内発足は実現せず、形を変えて「拡大世話人会」（十一単産）として、年を越えた一九七一年二月にやっとスタート。闘争的組合とされた全国金属を構成組合に加えることを総評が要求したための紛糾が原因だった。

拡大世話人会は九月には、①官民を含めた全的統一を前提とするが、まず民間労組が統一を成功させる②運動の基調は実践的労働組合主義を基本とし、労働者生活の向上に取り組む③結成目標は一九七二（昭和四十七）年二月末とする、などの「統一路線試案」をまとめ、賛成する一万名以上の組合に無差別で呼びかけることにした。

ところが、呼びかけ寸前で電機労連が、「私鉄総連が全国金属を含む十七労組に呼びかけるのでなければ参加しないとの態度をとっているので、電機労連としても私鉄の参加が得られない呼びか

労働戦線統一拡大世話人会の発足（1971 年 2 月）
労働省編「資料労働運動史」昭和 46 年より

けには参加しない」と表明。これをめぐる調整で再び越年。この問題は一九七二（昭和四十七）年二月になって、労働四団体の了解のもとに、全国金属を含む「十七単産会議」が発足して、落着した。

十七単産会議はその後、三月十一日に十九単産となり、「統一連絡会議（労働戦線統一民間単産連絡会議）」として発足した。発足に当たって統一連絡会議は、「民間の統一のために招集され」「統一の母体」であると確認、民間労組の統一を先行させる方針をはっきりさせた。さらに、四団体単位のまとめ役について、「窓口組合」として、私鉄総連（総評）、全繊同盟（同盟）、電機労連（中立労連）、全機金（新産別）の四単産会長・委員長を決定した。その後、さらに三単産が加わり、「統一連絡会議」は以降、「二十二単産会議」と呼ばれた。

総評は官民一体とする「全的統一」に固執し、民間労組先行で労戦統一を進める議論は挫折

難産の末の「二十二単産会議」発足だったが、まだまだ波乱が待っていた。

その後の最大の波乱要因となったのは、八月の定期大会で総評が、統一推進派の私鉄総連、合化労連、鉄鋼労連、全日通の反対を押し切って決定した「統一七方針」だった。

七方針は「幅広い共同行動、統一闘争の展開」「資本から独立、労働者階級の大衆組織」「大衆的戦闘的労働運動の構築」「賃金、労働条件だけでなく、政治、社会、文化などの諸制度の改革」などに並んで、「官民一体とする全的統一の原則の確認」を強調していた。

二年前（一九七〇年）の大会で、全的統一や戦闘性を強調した「統一四原則」を決めている総評が、この段階に来て再び「全的統一」強調の七方針を決定したことは、二十二単産会議で決めた民間先行の方針を、否定するという意思表示以外のなにものでもなかった。

この七方針の決定で、総評側窓口を務めていた私鉄総連委員長、三橋幸男は苦しい立場に追い込まれた。三橋は総評大会後、「民間先行を認めた機関決定に従って他団体と約束してきたことを反故《ほご》にすることになる」と窓口組合の辞任を表明。総評内部は混乱し、二十二単産会議は開催できない状況になった。

こんな混迷状況に、同盟傘下の組合と合化労連、鉄鋼労連などの統一推進派は、統一推進の組合だけで民間労組のゆるやかな協議会をつくろうという〝見切り発車〟論を主張し始めた。

二十二単産会議は結局、十一月九日になって再開され（私鉄総連は三橋委員長の後任として吉岡書記長を出席させた）たが、その席上で電機労連委員長の清田晋亮が、一万人以上の民間組合に無差別に呼びかけて協議会を発足させ、その後に官公労を含めた全的統一作業に取り組むことを提起した、いわゆる「清田メモ」を提出した。

見切り発車論の同盟傘下の労組や合化労連はメモに賛成して協議会の年内発足を主張したが、全国金属はこれに強く反対。電機労連は民間の圧倒的多数の参加が前提だとして消極的な姿勢を見せ、再び先の展望が見えなくなった。

さらに、十二月の総選挙で社共が大きく躍進したことで、総評は統一問題でも強気に転じた。二十二単産会議では、「清田メモの路線で民間協議会発足を全労組に呼びかけるべきだ」とする同盟傘下の労組と合化労連などに対し、私鉄総連、全国金属、全印総連などはメモに七項目の修正を要求。意見が対立したまま、議論はまたもや翌年に持ち越された。

春闘後に議論は再開されたが、一九七三（昭和四十八）年七月十三日の二十二単産会議で同盟傘下の労組が、「これ以上会議を存続させても、話し合いを進めることは不可能」と解散を主張、合化労連委員長の太田薫、鉄鋼労連委員長の宮田義二がこれに同調した。それ以外の総評系組合、中立労連、新産別は存続を主張し、結局、意見の集約は不可能だった。「戦線統一の必要はすべての単産が認めるが、二十二単産会議の今後の進め方について意見の一致を見るに至らず、労働戦線統一を民間単産連絡会議の場で進めることは不可能となった―」。二十二単産会議はこのような意見集約をして、この日をもって結局は解散した。

総評機関紙はこの解散を、「戦闘的、階級的労働運動の初歩的勝利」と主張した。世話人会発足から二十二単産会議の解散までの二年八カ月間の混乱に対する総評のホンネが、この評論からストレートに見えていた。

第52話　7単産が共同声明で統一実現へ向け新たな幕開けを宣言

労働者の生活・福祉の向上へ労戦統一は不可欠

22単産会議の解散直後、全繊同盟らは民間先行の統一へ新たな行動に入ると宣言

二十二単産会議はとうとう、一九七三（昭和四十八）年七月十一日、事実上解散となってしまった。民間単産（産業別労働組合）主体の会議なのに、総評、同盟などの中央組織の意向が強く働いて、「全的統一か民間先行か」で対立が先鋭化、議論がニッチもサッチも進まなくなった。「上部団体を超越して取り組む」の確認は有名無実となり、風刺漫画で描けば、会議の衝立《ついたて》の背後の総評、同盟などが、事細かに指図している図だった。

「不信のレールに統一列車は走らない」。解散に当たり、自動車総連会長の塩路一郎は、こう漏らした。相互信頼のないままの二十二単産会議の議論を如実に表していた。

二十二単産会議挫折の日、会議に参加していた同盟傘下の全繊同盟、全金同盟、電労連、造船重機労連、海員組合、全化同盟と、純中立の自動車総連の七単産が連名で、「中央、地方をつうじて統一の気運は高まっており、より多くの民間単産や民労協、その他関係組織との協議の場を速やかに設け、労働組合主義を基調とする民間先行の統一のために、直ちに新たな行動に入る」との共同声明を発表した。

共同声明は、労働戦線統一に向けての新たな幕開け宣言でもあった。

二十二単産会議で七単産などは、その混迷に〝見切り発車〟の動きを見せていた。一年半前の『月刊全繊』（七一年十二月号）で宇佐美会長は宮田鉄鋼労連委員長との対談で、「時期を延ばすと立ち消えになっちゃうんじゃないかな」と統一の動きに危機感を述べたのに対し、宮田は「きれいな絵を描くと無理がある」と応答。「民間先行で四～五百万人で結構。一つにまとまることが可能なら踏み切った方がいい」と意気投合していた。統一推進に熱心な民間労組の幹部間には、このような意志疎通と決意がすでにできていた。

その背景には、技術革新や経済国際化の急速な進展による客観情勢の変化があった。労働組合がバラバラな状況では産業経済社会の変化に対応して、労働者が求める生活向上と必要な福祉実現につなげられないという認識が、民間労組で広まり、強くなっていた。

民間労組が共闘し切実なインフレ対策など共同行動の実績を重ね統一の条件を整える

〝下からの統一促進剤〟の役割を強く意識して全国に拡大した地方民労協の組織化は、前年の一九七二（昭和四十七）年までにほぼ行き渡り、その年の一月には「全国民労協」（地方民労協全国連絡協議会）が発足した。五ブロック、二十三都道府県の民間労働者四百九十七万人が結集していた。

全国民労協は二十二単産会議解散にいち早く反応し、解散からわずか十五日後の七月二十六日、「新段階を迎えた労働戦線統一に取り組む全国民労協の構想」をまとめ、発表した。そこで、共闘の重視で賃上げ、インフレ対策をはじめ、年金、土地などの国民的課題で共闘を積み上げて成果を

全国民労協結成総会（1972年1月28日）
労働省編「資料労働運動史」昭和47年より

上げる共闘委員会の設置を提案した。

さらに、共闘委員会の運営について「友愛と信義をもって結集」「既存の労働四団体からの超越」「労働組合主義と民間先行を基調とした産別の自主性」の三点を構想で明示した。民間先行で切実なインフレ対策などの共同行動の実績を重ね、それを基盤にして統一への条件を整えるという考えだった。

一方、四分五裂の化学分野の統一の動きも具体化していた。解散から一カ月半余の八月三十日には、約五十万人の化学労働者が労働四団体の枠を超えて結集して「化学労協」（化学産業労働組合連合協議会）が誕生した。かつて激しく組織競合した合化労連と全化同盟を含めて、大同団結する基盤が醸成されて統一が実現したことは、統一の実現を願う民間労組には大きな後押しとなった。

このような動きを背景に、共同声明の七単産に、総評傘下の鉄鋼労連、合化労連も加わった代表者会議や、宮田・鉄鋼労連、宇佐美・全繊同盟、天池・全金同盟による三者会談などの協議で、統一への条件づくりの具体化が急速に進んだ。九月十五、十六の両日には、これら単産の共催で、東京・品川のプリンスホテルで「物価と生活福祉のためのシンポジウム」が開催された。

十一月一日、東京・大井町の鉄鋼労連会館で、共同声明の七単産と鉄鋼労連、合化労連、それに全国民労協が参加して、「民間労組共同行動会議」が結成された。その後、商業労連が加わり十単産、一組織となった。電機労連は二十二単産会議の挫折のいきさつを理由に参加しなかった。

行動目標として共同行動会議は、「国民的課題、賃金闘争などの共同行動をつうじ、民間先行、労働組合主義を基調とする戦線統一の核を目ざす活動を進めること」と「挫折した労働戦線統一運動の再構築」を決定、代表幹事に宮田（鉄鋼労連）、太田（合化労連）、宇佐美（全繊同盟）、塩路（自動車総連）の四人を選出、事務局は全繊同盟に置き、佐藤仲（電労連）、井上甫（全繊同盟）が担った。

総会ではまた、「民間労組の共通課題に対して相互の連携をはかりつつ、共同行動を展開し、実効を上げていく」ことを確認した。

第53話　政策推進労組会議――労働戦線統一の母体づくりへ組織拡充

16単産（315万5千人）・1組織の共闘組織が出現

民間労組共同行動会議を旗揚げしたものの労働4団体との足並みが揃わず開店休業へ

一九七三（昭和四十八）年十月、石油ショックが始まった。トイレットペーパーなどが店頭から消え、狂乱物価が国民生活を襲うさなかに、「民間労組共同行動会議」が物価を主要活動目標の一つに掲げて旗揚げした。

発足後すぐに、インフレ対応の実践に組合員一人百円の運動資金カンパを実施し、労働四団体へは「反インフレの統一行動と実行委員会の設置」を申し入れた。これが端緒となって、翌一九七四（昭和四十九）年二月十八日には東京・武道館で「インフレ粉砕生活危機突破集会」が労働四団体共催で開かれ、インフレ抑制、雇用安定、生活防衛の三大要求などを決定した。政府はこの要求に応える形で、二月二十六日の閣議で生活保護世帯への特別手当支給などの回答を決めた。共同行動会議は順調に滑り出した。

だが、三月になると、総評などの春闘共闘委が反インフレで統一ストを計画。さらに政府の回答を四団体合同で出させることに反対して、独自に回答させることを主張した。このため、政府回答は四団体が別々に受ける結果となった。同盟は総評への不信感を強め、四団体共闘の凍結を宣言。新産別もこれに同調して共闘歩調はあっという間に崩れ去った。

四団体の共同行動はその後何度か、「雇用問題に限定」などの条件付きで再開されたが、公労協のスト権スト実施や、総評の春闘独自スト設定などのたびに同盟が反発、そして凍結という過程を繰り返した。共同行動会議と労働四団体の足並みはチグハグな状況が続き、要求実現もままならなかった。

狂乱物価のもとで行われた七四年春闘は、三二・九％という空前の賃上げとなった。生活を守るための当然の結果だったが、このような物価と賃金の〝追い駆けっこ〟が続くはずはなかった。大幅賃上げもインフレに食われ、労働者生活の向上にはつながらなかった。

次の年の春闘を討議する一九七四（昭和四十九）年八月の鉄鋼労連定期大会で、委員長の宮田義二は、「経済成長が戦後初めて実質でゼロないしマイナスになろうとしている。これまでの前年実績プラスアルファの賃上げがそのまま通用するかどうか疑わしい。今後は実質賃金の着実な引き上げに転換しなければならない」と、いわゆる賃金要求自粛論を提唱した。

これに対し、合化労連委員長・太田薫は、「経済破綻を労働者・国民の犠牲で乗り切ろうとする資本の意図と結果的に一致するもの。成長がゼロになろうとも、プラスアルファを獲る姿勢を崩すべきでない」と、宮田発言を厳しく批判。さらに太田は、七五年春闘後には鉄鋼労連、造船重機労連を除外して「戦闘的組合のみの共闘をすべきだ」と提唱、両者の確執は決定的となった。共同行動会議は機能がマヒし、開店休業状態に陥った。

ＪＣ春闘の成功を契機に労戦統一が再浮上、共同行動会議改め政策推進労組会議を結成

その一方で宮田は、七五年春闘で鉄鋼と造船による「スクラム・トライ」に取り組み、春闘上限相場の形成に成功した。さらに、翌七六年春闘では、電機労連が春闘共闘の戦列から外れてＩＭＦ・ＪＣ（金属労協）の戦列に加わった。宮田は三年前から提唱していた、鉄鋼労連、造船重機労連、電機労連、自動車総連の金属四単産が、〝同時・同額で結着〟する「集中決戦」を、この年の春闘でとうとう実現させ、ＪＣ主導の春闘を世間一般に強く印象づけた。

電機労連のＪＣ集中決戦参加を契機に、共同行動会議では労働戦線統一への母体づくりという目標が再び意識され、共同行動会議の機構改革が議論され始めた。その場には電機労連が非公式に参

政策推進労組会議結成総会（1976年10月7日）
「政推会議運動史」より

加し、広範な民間単産の参加や、新たな共同行動会議組織の結成（名称変更）などの条件をつけながらも、共同行動会議への加盟を申し入れた。共同行動会議は、「名称変更もやぶさかでない」との態度で電機労連の要望に応えた。

一九七六（昭和五十一）年五月、鉄鋼労連の春闘総括討論集会で、委員長の宮田は電機労連のJC集中決戦参加を高く評価したうえで、「今後はJCを軸に春闘を民間労組で闘うように努め、民間総結集の労働戦線へと向かうべきだ」と、電機労連の参加を経て発展的に共同行動会議の改組の方向を明示した。

これに応えて、電機労連委員長の竪山利文は、六月の定期大会の冒頭挨拶で、「民間労組に共通する課題や国民的課題に対する共同行動組織の結成に本格的行動を起こす」と述べ、宮田に呼応した。

民間労組共同行動会議は、書記長会議を中心に会議の拡大・改組の検討を開始。九月までに、新組織の名称を「政策推進労組会議」とし、共同行動会議の加盟組織に電機労連などの新たな単産を加えて拡大し、新組織を十月に発足させることを決めた。

こうして、十月七日午後七時から東京・浜松町の自動車労連会館で政策推進労組会議の結成総会が開催された。参加組織は十六単産、一組織（全国民労協）と、共同行動会議（十単産）から大きく拡大した。加盟組織は、同盟（ゼンセン同盟、全金同盟、造船重機労連、海員、電労連、全化同盟の六単産）、総評（鉄鋼労連、合化労連の二単産）はいずれも変わらなかったのに対し、中立労連から電機労連、全石油、全国ガスの三単産、新産別から全機金、新化学の二単産、純中立もこれまでの自動車総連、商業労連以外にゴム労連が加わって三単産となった。これで、組合員三百十五万五千人（全国民労協を除く）の共闘組織が出現した。

橋本孝一郎（電労連会長）とともに代表世話人に就任した竪山は、「民間の大結集をはかり、将来の戦線統一に努力しよう」と挨拶で述べた。

第54話　労働界に定着した民間主導体制が労戦統一を加速

政推会議の活動をつうじた信頼関係を基盤にゼンセン同盟と鉄鋼労連が統一へのろし

民間労組が結集した政推会議は文字通りサラリーマンの生活実感に立つ政策を推進

「民間労組が結集して当面の諸課題の解決に積極的に行動を起こすことが重大であり、その積み重ねが大きな将来展望を作り出すものと確信する」――。一九七六（昭和五十一）年十月七日に発足した政策推進労組会議は、結成総会でこのような趣意書を採択した。

結成から一カ月後の十一月四日、東京・日比谷野外音楽堂に一万人を動員、「雇用・物価・減税要求中央総決起集会」を開催。二十一日には、首相官邸で井出官房長官と浦野労働大臣に会見して、経済政策、雇用、物価、税制について三木首相宛の要請書を提出した。これを皮切りに、政府各省庁、共産党を除く各政党、さらに経団連などの経済団体との定期・随時の政策協議の場を相次いで設けた。

七七年度予算編成に対する政府交渉では、総評、同盟などの既存四団体とは別個に、政府は政策推進会議に会見の場を設け、福田首相が直接、竪山、橋本の両代表世話人に対応した。これには宮田、塩路、太田、宇佐美の運営委員も出席した。

政策推進労組会議のこのような動きに、総評、同盟は戸惑った。総評は「それなら、総評系の組織との会見も同様にせよ」と申し入れ、同盟も同盟活動に支障を与えないようにと傘下組織へ通達し、不快感をあらわにした。

「政策」を看板にする政策推進労組会議にとって、言うまでもなく政策づくりが活動の根幹。その策定は〝サラリーマンの生活実感〟を最重視し、手作りの調査に徹した。「役所と政策で本格的に議論するには自前のデータ、調査資料を持たなくては勝てない」と、裏方で苦労した事務局次長の村上忠行（電労連）が『証言連合の形成』で回想している。

オイルショックで退職した人が、その後どのような苦労をしているかを追った「離職者追跡調査」や、分娩にかかる費用と給付の実態を調べた「分娩費給付調査」などは反響を呼んだ。調査で得たデータを行政にぶつけて議論、政策要求を着実に実現させていった。政推会議の活発な活動の背景には、労働界での官民の比重の変化、その結果の民間主導の定着があった。

なにより大きかったのが、一九七六（昭和五十一）年春闘で金属労協（ＩＭＦ・ＪＣ）主導の春闘が定着。これを契機に、より確実に民間主導体制を確立させる狙いから翌年三月に、鉄鋼労連、電機労連など十一単産による「賃闘対策民間労組会議」が発足、その後、参加単産は年ごとに拡大（八二年春闘には総評、中立労連系などを含む三十五単産）した。

一方、四年前に化学関連労組の大同団結で誕生した化学労協が核となって、一九七七（昭和五十二）年八月には、化学エネルギー労協に発展、金属労協との連携を強め始めた。さらに、ゼンセン同盟、損保労連、自動車総連などが国際商業労連（ＦＩＥＴ）に加盟するなど、国際産業別組織への加盟が相次いだ。

「80年代初頭に民間先行で労戦統一」―ゼンセン同盟と鉄鋼労連が運動方針決定

このような労働界の変化のなかで、政推会議の共同行動をつうじて、組織の垣根を超えた交流がごく普通に日常化、組織相互の理解と信頼感が醸成され、高まった。その一方で、七七年秋の臨時国会での、オイルショックで雇用を奪われた民間労働者の救済のための「離職者臨時措置法」の廃案は、総評と四団体共闘に対する民間労組の強い不信感を招いた。

こんな状況に、政推会議に参加する単産の間に民間先行による労働戦線統一を実現しようとする空気がにわかに強まった。

一九七八（昭和五十三）年九月の定期大会で、ゼンセン同盟と鉄鋼労連が相次いで「八〇年代初頭に民間先行で統一実現」の運動方針を決定、両労組が気脈をつうじて労働戦線統一達成への〃の

「80年代初頭の民間先行で統一実現」の方針を共に決定したゼンセン同盟（写真左）と鉄鋼労連（写真右）の定期大会（1978年9月）／労働省編「資料労働運動史」昭和53年より

ろし〃をあげた。ゼンセン同盟は方針で、①労働組合主義②相互信頼③力と政策④国際自由労連支持を「統一四原則」として明確に打ち出した。

両単産の統一実現への方針を受けて、翌一九七九（昭和五十四）年九月には、自動車総連会長の塩路一郎が、統一準備会の前段階として政推会議等のメンバーを中心に「統一を進める会」の早期設置を提唱した。これを契機として、塩路会長、宇佐美ゼンセン同盟会長、竪山電機労連委員長らが話し合いを始めた。

話し合いは逐次メンバーを拡大して、翌年（一九八〇年＝昭和五十五年）四月からは、塩路、宇佐美、竪山に橋本電力労連会長、中村鉄鋼労連委員長、田中全化同盟会長の〃六人委員会〃が恒常的に準備活動を開始した。

その後、六人委員会のうち田中は同盟書記長であること、また総評系からは中村だけだということを考慮して、田中の代わりに全日通委員長の中川豊を加えた六人とした。構成は総評二、同盟二、総連合一、無所属中立一となり、同時に総評（中川）、同盟（宇佐美）、総連合（竪山）、金属労協（中村）、化学エネルギー労協（橋本）、純中立（塩路）をそれぞれカバーするとして、六月二十七日に「統一推進会」として発足させることを決めた。

総評代表、同盟代表とせず、「…をカバー」と呼ぶことにしたところに、過去の度重なる失敗の経験からの知恵があった。総連合は中立労連と新産別によって、「全体の労働戦線統一を達成する触媒」を役割に、前年（七九年）に結成されたゆるやかな連合体。

しかし、これも総評などの抵抗で予定通りには進まず、三カ月遅れて九月三十日に労働戦線統一推進会（略称：統一推進会）として、ようやく正式にスタートした。塩路提言から一年、政推会議結成の際の趣意書にあった〝大きな将来展望〟へ向け具体的に動き始めた。

第55話　大揺れの総評、宇佐美同盟会長の英断で準備会発足へ

階級的イデオロギーから脱却した労働運動目ざす

統一推進会は統一の「基本構想」を発表し、統一準備会への積極的参加を呼びかけた

「統一推進会」は一九八〇（昭和五十五）年九月三十日、東京・パレスホテルで初会合を開いた後、精力的に討議を進めた。二回目会合の十一月からは、鉄鋼労連、全日通、電力労連、電機労連、自動車総連の五単産書記長と、山田精吾（ゼンセン同盟副会長、政策推進労組事務局長）を委員長とした作業委員会が設置された。

民間６単産委員長による統一推進会が発足。右より橋本孝一郎電力労連会長、宇佐美忠信ゼンセン同盟会長、竪山利文電機労連委員長、塩路一郎自動車総連会長、中川豊全日通委員長、中村卓彦鉄鋼労連委員長（1980 年 9 月 30 日）／労働省編「資料労働運動史」昭和 55 年より

統一推進会は十三回の討議を経て翌八一（昭和五十六）年六月三日、統一の「基本構想」を発表。同時に「新しい時代の幕開けが始まろうとしています」から始まって「多くの組合が基本構想に賛同され、民間先行による労働戦線統一準備会に積極的に参加されることを要請します」で終わる、参加呼びかけアピールを行った。

基本構想は、運動の基調（理念）に「相互信頼の上に立つ民間労働者の結集をもとに、完全雇用の確保、労働基本権の確立、労働諸条件の維持・改善をはかるために力と政策を背景とした活動を進める」と掲げ、「外部からのあらゆる支配介入を排除して、民主的で強固な組織確立」も明記した。

毎回の白熱した論議のなかで、最も苦労があったのは、総評の共産系労組集団「統一労組懇」の取り扱い。総評は〝選別排除〟を主張し、同盟は統一労組懇系など左派の〝なだれ込み〟は絶対に避けたかった。さらに、国際自由労連への加盟を明文化したい同盟と、加盟問題は官民全体の統一の段階で明確にすれば良いとする総評の主張を、どう調整するかの問題もあった。

統一推進会はこれを「基本構想」のなかで見事に処理した。統一労組懇の問題では、「情勢の基本認識」のなかで「統一への取り組み努力を右翼再編と一方的に決めつけ、教条的な誹謗、妨害を計ろうとする団体、組織などに対しては、毅然として対応していかなければならない」と、ぼかして表現した。その一方で、「重要確認事項」を付記し、そのような「組織・団体とは、例えば統一労組懇などをいう」と明確にした。

国際自由労連については、「環境・条件と運動理念を同じくする自由圏の労働者との連携を重視」とすることで合意。基本構想の「連合の進路」のなかに、「国際自由労連の一員として、国際的役割を分担し、世界の労働運動に貢献する」と明記した。ただ、時期には触れなかった。

基本構想執筆に当たった作業委員の藁科（電機労連書記長）は、その自著『連合築城』で、大河内一男東大名誉教授から、ある研究会の後、「労働界の統一について、くれぐれも注意してもらいたいことがある」と呼び止められたことを明かしている。大河内は藁科に、「労働戦線統一の繰返しての失敗はイデオロギーに色濃く支配されていたことに原因がある。これからの運動が柱にすべきものはイデオロギーではなく政策だ」と助言した。藁科は、その助言は「私の脳裡に深く刻み込まれた」と書き記している。基本構想はまさしく、階級的イデオロギーから脱却した労働運動への指針という意味を持っていた。

〝イデオロギーではなく政策を運動の柱に〟—民間先行による労戦統一準備会の発足へ

基本構想が発表されると、同盟は「（国際自由労連など）不透明な部分があるが、最低条件は満たしている」として、同盟各産別に準備会参加の態度で臨んでほしい、と決めた。純中立の組合や総連合（中立労連と新産別によって一九七九年結成）からも、推進会の苦労を多として、基本構想に賛同する見解表明がされた。

一方、総評はこの基本構想発表後、内部が紛糾し、熾烈な論議が展開されて苦衷とジレンマに陥った。富塚事務局長は「基本構想を大筋として理解する」としながらも、さらに補強する立場からと、①春闘の評価の補強 ②反自民・全野党の結集 ③選別主義の排除 ④中小未組織労働者対策強化 ⑤企業主義克服の「五項目補強見解」を打ち出し、それに対する総評・同盟の合意形成を総連合に申し入れた。

一年前の統一推進会の発足は総評が抵抗するなか、総連合が〝触媒〟（仲介）となって、総評、同盟などの各労働団体の合意のもとで実現した。その意味で、統一推進会の民間先行に向けての討議は、各労働団体の合意のもとに進んだ。事実、毎回の討議内容は〝カバー〟する委員からそれぞれの団体に報告され、総評については中川（全日通委員長）が総評民間単産議長でもあり、逐一の報告と討議が繰り返されてきた。だから、基本構想は事前調整済み、といって過言ではなかった。

こんな経緯からすると、総評のいまさらの「五項目補強」は、団体間の信義に反した。しかし、総評組織内は基本構想をめぐって論議が紛糾し、七月の定期大会、十一月の臨時大会ともに採決を行わないまま、結論を先送りするという混乱に陥っていた。

この状況に総連合が再度、総評・同盟協議にブリッジ方式で調整に乗り出し、総評から「五項目補強についての合意形成は必ずしも統一準備会参加の前提条件でない」との回答を引き出した。一方の同盟は、この段階での団体間協議は、「二十二単産会議失敗の轍を踏むだけ」と消極的だった。

しかし、統一推進会はすでに、統一準備会の十二月十四日午後の発足を何回も確認していた。それを直前にした同日午前、同盟―総連合トップの電話会談で、宇佐美が同盟会長として「同盟もその（五項目の）主旨を理解し尊重する」と英断を下した。これによって、統一準備会発足の最大の難問は、かろうじて乗り切られた。

第56話　全民労協結成へ生みの苦しみ

「基本構想」をめぐる調整で度重なる危機、６人委員会の再登板でハードル超える

全民労協の結成準備が順調に進む一方、統一準備会への総評系単産の加盟で波乱

年末に発足した「統一準備会」は、一九八二（昭和五十七）年の年明け早々に活動を開始した。一月八日に第二回会議を開き、民間協議会の運営綱領、運動方針、予算策定の起草などの結成準備を、夏の単産（産業別労働組合）定期大会に間に合うよう進めることを決定。そのために十三単産による幹事会を設けて運営に当たることにし、幹事会には委員長で構成する代表者会議と、書記長構成の事務局会議を設置した。事務局会議の代表責任者には政策推進労組会議事務局長の山田精吾（ゼンセン同盟）が就任した。

七月一日の準備会幹事会では、民間協議会の年内発足を再確認、その名称を「全日本民間労働組

合協議会（全民労協）」とすることに決定。活動方針などについての骨子も確認された。

さらに九月三十日には、全民労協の発足総会を十二月十四日とすることも決定した。準備は急ピッチ、かつ順調に進んだ。

さて、統一準備会発足の時点で、同盟系民間単産の参加が十八組織に対し、総評系は鉄鋼労連、全日通などの五単産だけ。総評系の単産の加盟申請をどう処理するかという難題が控えていた。こちらの方は、最後の最後までいくつもの波乱が待っていた。

同盟系は無原則な〝なだれ込み〟に警戒感を強めていた。「基本構想への態度があいまいなままの準備会参加は認められない」と同盟会長の宇佐美忠信が一月の同盟大会で発言すると、たちまち総評議長の槙枝元文が「それは選別排除で門戸開放に反する」と反発、早くも火花が散り始めた。

しかも、総評には「基本構想」を認めず、民間先行の統一に反対する統一労組懇系単産などが存在しており、内部は依然としてバラバラ状態。総評はこのため、統一準備会への参加について、民間単産会議の場で議論し、まとまって対応することを決めた。

三月二十六日にまず、「総評第二陣」が一括して参加申請をした。全国金属、炭労、私鉄総連、全自交、繊維労連、全電力、紙パ労連の七単産である。

準備会幹事会は翌二十七日にこの申請を協議。参加を認めるべきだという意見と、すでに参加している単産と競合する単産の参加は慎重に検討すべきだという意見が対立した。

全自交については、「世界労連の産別組織の運輸インターに加盟しており、国際自由労連との連携強化を明記した基本構想に反する」、全国金属についても「参加組織の一部に統一労組懇系があり、本部の指針が徹底していない」などが指摘された。申請文書が前文で「団体間協議の経過と結論を尊重し、総評拡大評議会の決定にもとづき参加する」と書いていた。これについても、基本構想への姿勢があいまいではないか、と問題になった。

幹事会はこの調整を、鉄鋼労連の中村卓彦委員長に委嘱。中村はこの後、総連合・竪山、総評・槙枝、同盟・宇佐美の三団体議長、会長との会談で、精力的な調整に汗を流した。その結果、加盟申請の単産は「統一準備会のこれまでの事実経過を尊重する」ことで折り合い、申請書前文の削除にも同意。さらに、七単産の行動を既加盟の総評系五単産が保証することで最終的に決着、五月八日に第五回統一準備会で七単産の加盟が承認された。

全民労協の活動は〝統一の「基本構想」〟を基調に進め、〝補強修正は発足後〟で合意

続いて「第三陣」の全造船機械、全国一般、全海連の三単産が、八月五日に「総評方針にもとづき参加します」と、前文を書き加えた申請書を準備会事務局に提出した。

九日の統一準備会幹事会は、三単産の申請をめぐって総評系と同盟系幹事間による応酬の場となった。私鉄総連などが「経過を尊重」というのは、準備会がやってきたことすべてを認めるという意味ではないと主張したことに、同盟系は「総評の第二陣は、事実経過を尊重するとして参加したのだから、基本構想は厳然と存在する」と主張した。十月の二回の協議でも結論に到達できなかった。

この間、総評は七月の定期大会に、「基本構想に対する総評の五項目補強見解をもとに協議したが合意は得られず、したがって基本構想は凍結されたものと理解する」「全民労協はゆるやかな協

議体であり、参加希望の単産に門戸開放は当然」など、五項目の補強意見を提起し、問題がさらに複雑化の様相を見せた。

この打開に、すでに役割を終えていた統一推進会のメンバー（全日通の中川が病気のため委員長の田渕勲二が交替）が乗り出した。統一準備会の危機打開への〝最後の切り札〟だった。

十一月十日、十九日の相次ぐ会合・協議の後、六人委員会は十一月二十一日の会合で、「全民労協の活動の進め方は、基本構想を基調とする。基本構想に対して補強的意見を持っている組合もあるので、これらの意見については、これからの全民労協の活動、討議などをつうじて生かしていく」ことを確認。基本構想の位置づけを明確にした。

竪山はこの後、槙枝、宇佐美に頻繁に会い、十一月二十八日には竪山、槙枝、宇佐美の三者会談。ここで、「統一推進会発足のときの条件である団体間の話し合いの努力と経過を尊重する、従来の団体間合意にもとづいて第三陣、三単産の加盟を承認する、基本構想に必要な補強修正については全民労協発足後に行う」ということで合意が成立した。

十一月三十日の準備会総会では、同盟系組合からなお条件が不十分とする意見が出されたため、電機労連と総評第一陣の五単産が三単産の保証組合となることで折り合い、三単産の加盟が承認された。

基本構想をめぐる調整は、かろうじてハードルを超えた。構想が示した理念と方向をギリギリで踏み外すことなく処理された。

第57話　全民労協誕生。だが、既存労働団体との間に微妙なズレ

宝樹論文から15年。労働戦線統一へ画期的な一歩

一国一ナショナルセンターの実現へ向け41産別が結集して「全民労協」を結成

一九八二(昭和五十七)年の年の瀬も迫った十二月十四日午後三時、「全民労協」の結成総会が東京・上野の池之端文化センターで始まった。集まった四十一産別、四百二十五万人の組合員を代表する二百五人の代議員を前に、まず開会挨拶に立った全日通委員長の田淵勲二は、「統一促進の核となり、一国一ナショナルセンターへ向けて努力したい」と決意を述べた。

次の第一議題「全民労協の結成について」では自動車総連会長の塩路一郎が、結成総会の直前までもめにもめた「基本構想」の取り扱いに関し、総評と確認した文言を一語一語確かめるように、ゆっくり読み上げた。

「全民労協の活動は『基本構想』にもとづいて進める。この基本構想に対して補強的意見を持っている組合もあるので、これらの意見については、これからの全民労協の活動、討議などをつうじて生かしていく」。

読み終えて、「たった九十一文字、一番短い議題だが最も重要であり、十分かみしめてもらいたい。多くの組織が集まり一つの輪をつくるのだから、いかにして同質感を持つかが重要だ」と塩路は強

全民労協結成総会
（昭和57年12月14日 東京・池之端文化センター）

調した。満場に拍手が湧いて確認され、「基本構想」は全民労協の活動の基本に位置づけられ、共有された。

この後、組織の性格と運営、運動方針、予算などが提案され、いずれも満場一致で採択された。初代議長には電機労連委員長で中立労連議長の竪山利文、事務局長にはゼンセン同盟の山田精吾が選出された。竪山は「光栄であり、責任の重さを感ずる。感無量だ」と挨拶した。

最後に演壇に立った造船重機労連委員長の金杉秀信が「結成宣言」を読み上げた。宣言は「新しい時代の幕開けが始まろうとしています…」から始まり、結成の決意について、「新しい時代の変革者として責任ある運動を推進するためには、まず『力と政策』を持つことが不可欠である」と強調していた。

「宝樹論文」（一九六七年一月）から十五年のさまざまな議論、そして対立と挫折を経て、労働戦線統一はこの日、間違いなく前に進んだ。まだ民間だけの結集とはいえ、日本の労働運動史上初の画期的な一歩だった。

協議会から連合体への移行の目途について労働4団体は時期の明示を強硬に拒んだ

全民労協は、宣言にある「力と政策」を旗印に掲げて翌八三年から活動を具体化させていった。七月には東京の「政策・制度要求実現中央集会」に合わせた地方九ブロックの集会、焦点を「一兆四千億円の減税」に絞り込んだ政府交渉。九月には労働四団体を巻き込んで日比谷・野外音楽堂で「早期実現総決起集会」を開催してデモ行進した。賃金闘争では「賃金闘争連絡会議」を発足させて調整役として存在感を見せた。総評の遅れ単産組の加盟も、全国一般を除いて進んだ。

しかし、事務局長の山田は、労働戦線統一問題がこれで終わったかのような雰囲気が、気にかかっていた。八月三日、次の第二回総会に向けての方針討議の三役会議で、「協議会から連合体への移行は既定方針だ。問題はいつごろ踏み切るかということ。このままのズルズル推移は良くない。連合体移行の時期の目途を総会で示すべきだ」と提起した。異論は出なかったが、「文書にしないと議論できないから」と、原案の提示を求められた。

山田は次の八月二十三日の三役会議に、文書を出した。その内容は、「目途を一九八五年に置き、条件整備や環境づくりを精力的に進め、第三回総会に中間報告できるように努める」というもの。竪山を除く役員には、目途の〝一九八五年〟は初耳だった。

全民労協が〝ゆるやかな協議体〟にとどまらず、連合体へ移行することは、統一準備会でも確認されており、必然の成り行きだと、主要単産は理解していた。ところが、労働四団体にとっては、それぞれの〝解体〟に連動する重大問題となりかねない。副議長で全金同盟組合長の浅野総一郎は、「改めて組織討議を尽くす必要がある」と強く反発し、慎重審議を要望した。

同盟は二十五日に急きょ単産代表者会議を開き、「同盟として連合体移行を認めるとしても拙速は避け、慎重に情勢の成熟を待って対処する」として、「八五年を目途」は時期尚早で文言から削除することを確認した。

総評も翌二十六日に加盟十三単産の会議と幹事会を開いて、同盟と同じように、連合体移行の時期は明示すべきでないと確認した。

その一方で、電力労連、鉄鋼労連は九月の定期大会で、山田の提起に支持を表明。鉄鋼労連委員長の中村卓彦は、化学エネルギー労協総会の挨拶で、「全民労協を生んだのは労働四団体。四団体は親として子供をいつくしみ育てる責任がある。だが、最近の親には育てるのがイヤだと言って、コインロッカーや戸塚ヨットスクールに預ける人もいる」と皮肉った。

同盟、総評の強硬な態度に、山田も折れざるを得なかった。九月に入って四団体と調整の末、「現在の協議会組織の体制からさらに前進をはかるため、条件整備や環境づくりを精力的に進める」と、移行時期の目途とした「一九八五年」の表現を削除、第二回総会に提案することで落着した。

全民労協が発足した後も、既存の労働四団体との関係で微妙な意見の対立が、なお残った。

第58話　全民労協から民間連合へ移行、労働運動新時代の幕開け

願望から現実へ――ついに労働戦線の統一が実現

全民労協結成満5年の1987年11月に連合組織へ移行、4団体は発展的に解散へ

願望から現実へ―、「全民労協」の結成は、労働戦線統一の動きを質的に変化させた。事務局長・山田精吾（ゼンセン同盟）の「連合体への移行時期」の提起は一旦引っ込めた形となったが、一九八五（昭和六十）年の第四回総会で、連合組織への移行時期について、「全民労協結成満五年ともなる二年後の第六回総会（一九八七年十一月）とする」と決定した。これでもはや〝逆戻り〟のない状況となった。

移行時期の明示を受けて、同盟は素早く動いた。十二月の中央評議会で解散の方向を確認、八六年一月の全国大会で、「連合結成時点で同盟は発展的に解散する」と正式に決定した。同盟の正式解散決定は労働界に波紋を呼び、くすぶっていた二重加盟問題には終止符が打たれた。

同盟に続いて中立労連、新産別も解散方針を決めるなか、総評はこの時点でもなお、組織内で反主流派との議論が続いていた。しかし、七月の定期大会で「統一ナショナルセンターの結成目標一九九〇年」と方針に明記して、事実上、解散へ舵を切った。

民間連合は555万人で画期的な船出、官公労組も加えた労働界全体の統一目ざす

全民労協の連合体への移行・「連合」結成という歴史的な日、一九八七（昭和六十二）年十一月二十日の東京は秋晴れだった。

午前十時からは、全民労協第六回総会（移行）が新宿の安田生命ホールで行われ、財産処分、結成大会への提案事項の可決などの後、「連合」移行宣言を発表して終了した。宣言は「当初の『顔合わせ』から『心合わせ』へ、そして『力合わせ』の運動へと着実に実績を積み上げ、労働戦線統一への道筋を確かなものにした」と五年間を回顧、「さあ、『連合』の出番である。新しい希望に満ちたステージの幕を開けよう」と呼びかけた。

午後二時からは、同じ新宿の厚生年金会館で、「全日本民間労働組合連合会」（略称・連合）の結成大会が開催された。

大会はNHK交響楽団と「連合歌」、愛称歌「幸福《しあわせ》さがし」の合唱によるオープニングセレモニーで始まった。舞台正面にはライトブルーの地に三つの輪がつながるデザインのシンボルマーク。だれもが新しい時代の幕開けに期待と希望を膨らませる雰囲気に包まれた。

ライトブルーは結成される連合のシンボルカラーとされ、三つの輪は労働者の団結の〝連帯のスクラム〟を象徴し、発足後の「連合」のあらゆる活動の際の行動旗として使われることになっていた。一方、組合旗といえば従来は赤色が常識だが、連合組合旗は燃え盛る深紅の色で登場した。

オープニングの愛称歌「幸福さがし」の歌詞は、「泣き虫弱虫あわてん坊　みんな気のいい奴ばかり　働く仲間の希望はひとつ　十人十色の幸福さがし」。これまた従来の組合歌の調子からはほ

ど遠い。むしろ、新しい時代の労働運動が求めるべき方向にイメージが膨らむ。労働運動のスタイルやイメージを「連合」では一新させたい事務局長・山田の意欲が、いろいろなところに実っていた。

結成大会は連合組織移行準備会委員の中村卓彦（鉄鋼労連）の「…これまでの道のりは遥けしきも遠く、長く、そして険しいものであった。日本の労働運動史上、まさに劇的ともいうべきこの瞬間を、満場万雷の拍手でもってお迎えいただきたい」（拍手）の言葉から始まった。

民間連合結成大会（1987年11月20日）

議長団選出の後、移行準備会委員長の竪山利文（電機労連）が冒頭挨拶に立ち、この時点で同盟、中立労連が解散し、総評、新産別も解散方針を決定したことに触れ、「戦後労働運動には見られなかった画期的な出来事。わが国労働運動の新しい夜明けにしたい」と決意を込め、四団体の決断に敬意を表明した。

中村太郎労働大臣、バンダーベーケン国際自由労連書記長、各政党代表ら内外の来賓の挨拶を受けて、議事に入った。

まず、山田準備委員会事務局長の経過報告。「いちいち報告することはやめる。みんなで相談してつくったこの結成大会だから、異議のあるはずはない。経過報告は歴史だ」。胸の内にあるさまざまな感慨を、山田はこの一言に凝縮させた。

第一号議案の加盟組織の確認は、山田が組織と代表者名を読み上げ、代表者がおのおの立ち上がって一礼。結成大会時の正式加盟は五十五組織五百三十九万四千五百四十五人。オブザーバー組織一、友好組織六を合わせて五百五十四万七千六百十八人。山田は「公称五百五十五万人、ゴーゴーゴーです」と、会場を沸かせて拍手で承認された。

議事は規約、国際自由労連への加盟、運動方針、シンクタンク設立、初年度予算などを満場一致で承認。さらに基本文書「進路と役割」「運動領域と活動のあり方」を採択した。

基本文書「進路と役割」は綱領、基本目的、課題と使命で構成。「基本構想」の理念の堅持、これにもとづく統一を妨害するあらゆる勢力に毅然たる態度、国際自由労連への一括加盟がここに明記された。また、「運動領域と活動のあり方」では、「民間労働運動の強化・拡大に努めるとともに、官公労働組合との相互理解と信頼を深め、労働界全体の統一を目ざす」と、総評の主張にも配慮した。

役員選出では、竪山会長、山田事務局長が全民労協から続投。会長に就任した竪山は、「総評とか同盟とかという〝ふるさと論〟から早く脱却して、連合という〝新しき村〟の役員として全力を尽くす」と、新しい労働運動への決意を表明した。

第59話　友愛会誕生から1世紀、ついに労働界の統一実る

「平和　幸せ　道ひらく」をスローガンに自由で民主的な労働団体「連合」に統一

永い苦労の末に労働界全体の統一を達成、日本のナショナルセンター「連合」誕生

連合（民間）と官公労組との統一大会は一九八九（平成元）年十一月二十一日午後二時から東京・新宿の厚生年金会館で開催され、加盟七十八組織（うち友好四組織）・七百九十万人の、日本の労働界を代表するナショナルセンターが誕生した。労働界全体の統一という歴史的な日、東京は快晴。永い苦労の末の労働戦線統一達成を、空も祝福しているように感じられた。

会場の厚生年金会館（東京・新宿）の舞台正面を飾るのは連合のシンボルマーク。ライトブルーの地に三つの輪がつながるデザインは二年前からの連合活動ですっかり定着した。その上に「連合と官公労との統一大会　日本労働組合総連合会」の横断看板。舞台左手に大会スローガン「平和幸せ道ひらく」、これもいやでも目に入って来る。

この日の、〝労働界全体の統一〟という歴史的な日を迎えるための協議は、前年（一九八八年）の二月から、民間連合と総評・官公労、民間連合と友愛会議・全官公、というブリッジ形式の首脳会談で始められた。

課題とされたのは、①連合（民間）の基本文書「進路と役割」の取り扱い②統一労組懇への対

連合と官公労組との統一大会（1989年11月21日）
連合通信社「写真記録　戦後労働運動の軌跡」より

応 ③国際自由労連（ＩＣＦＴＵ）一括加盟問題の〈三重要事項〉。首脳会談が進んだ段階の五月、民間連合は「労働界全体の統一に関する基本構想」をまとめ、双方に示した。

構想は全民労協の「基本構想」の理念を堅持し、統一の形は「連合と官公労組との統一」。統一は〈三重要事項〉に賛同する組織で、とくに統一労組懇について一線を画する産別組織をもって進め、統一体は「連合体」とする、と明確に示した。また、地方レベルでも同様とし、早急に都道府県連合会を確立する、とした。

友愛会議・全官公は「われわれの要望に沿うもの」と、構想を歓迎し、総評の黒川議長も同月末の拡大評議会で「障害は乗り越えた」と評価。総評は七月末に定期大会を開いて、連合が示した構想の大要を受け入れることを正式に決定した。統一労組懇系四労組と国労は反対して、大会で修正案を出したが、圧倒的な多数で原案は支持された。

民間連合は、十月三十日の第十三回中央委員会で、「全国中央組織の基本方針」を、総評・官公労、友愛会・全官公に示した方針より、さらに詳細に明記した形で決定した。

家庭の幸せを大切にした豊かな社会目ざし、官民労組一体で取り組むことを国民に宣言

労働戦線統一はこれまで紆余曲折、まるで七曲りのデコボコ山道を登るに等しかったが、最終ゴール前の協議は、様変わりだった。全民労協、民間連合へと進んで、その活動の実際を現実に目にして、過去に渦巻いていた「不信と対立」は薄れ、「信頼関係」がより強固なものになっていた。準備作業は年を越えた一九八九（平成元）年五月、統一案起草委員会によって、「連合の進路」の基調部分を堅持し、官公労働者の意見をふまえて、いくつかの追加・補強が行われた。基本目標に、「官公労働者および公益産業労働者の労働基本権の完全回復を目ざす」「あらゆる分野に女性の積極的な参加を進め、男女平等社会の実現をはかる」などである。

こうして迎えた統一大会・「日本労働組合総連合会」（連合）の結成大会は、統一準備委員長で連合（民間）会長でもある竪山利文（電機労連委員長）の挨拶から始まった。

竪山は「これからは様変わりの労働運動と影響力を発揮できる」と期待を述べた最後に、これまでの労苦に感極まったように「日本労働組合総連合会の結成万歳！」と叫んだ。満場は拍手に沸いた。国際自由労連のバンダーベーケン書記長は、「歴史上初めて日本で、自由で民主的な労働組合を代表する統合ナショナルセンターが誕生した。連合が、なお組合の庇護にない弱い立場の労働者をも代表し、社会的な良心を反映する声として、その大黒柱として活動を続けていくことを確信する」と祝辞を述べた。

各界からの挨拶の後、山田精吾統一準備委員（民間連合事務局長）が経過報告。「今日まで官と民は向かい合って話し合いをしてきました。今日からは官と民は腕を組んで、スクラムを組んで前

に進む」と述べ、「いろんなことがあったが、『終わり良ければすべて良し』に尽きる。よろこびと感謝を込めて報告を終わります」と結んだ。

この後、構成組織、基本文書「連合の進路」「規約」「初年度予算」などの確認・決定が予定通りに進行、役員選出では、会長に山岸章（情報労連委員長）、会長代行に藁科満治（電機労連委員長）、事務局長に山田精吾（ゼンセン同盟顧問）、副会長二十二氏が選ばれた。

大会では「国民の皆さんへのメッセージ」と副題を付した、次のような統一大会宣言が採択された。

「日本の労働運動が産声を上げてほぼ一世紀。働く仲間の永年の願いであった労働界の統一が、本日ここに、日本労働組合総連合会（連合）の結成をもって実現しました。これで、ようやく日本の労働運動は、皆さんとともに、家庭の幸せを大切にした『ゆとりある豊かな社会づくり』に、一つの心で取り組むようになりました。…そのため連合は、大会スローガンに『平和幸せ道ひらく』を掲げました。…安心して暮らせる未来のために、連合は、国民の皆さんとともに歩み続けます」。

終話　「連合」の意義をかみしめよう

戦後イデオロギー労働運動と決別し労働組合主義を貫き「連合」誕生

「80年代初頭、民間先行」方針が決定打に

「連合」結成に至る労働戦線統一の議論が始まるきっかけは、一九六七（昭和四十二）年の「宝樹論文」と、一般的には理解されている。だが実態としては、それから三年遡る一九六四（昭和三十九）年の国際金属労連日本協議会（ＩＭＦ・ＪＣ）結成とするのが正しい。

ＩＭＦ・ＪＣは、「自由にして民主的な労働組合の結集」を旗印に、鉄鋼（当初は八幡製鉄と中山製鋼のみ）、電機、造船、自動車、全機金の金属五単産が結集した。総評、同盟（総同盟・全労）、新産別、中立労連の四団体に分裂した状態の当時の労働界に、その枠組みを超えた労組の結集は衝撃的だった。宝樹論文はその衝撃のなかで書かれ、ＩＭＦ・ＪＣ結成を高く評価した。だが、その後の統一論議は六年後に、二十二単産会議の解散で鎮静化してしまう。総評を中心にした左翼的イデオロギーの運動論との対立が原因だった。しかし、統一への〝火種〟は燃え続けていた。

ＪＣグループは間もなく、春闘の主導権を総評から奪い、鉄鋼労連などが「民間労組共同行動会議」を旗揚げ、一九七六（昭和五十一）年には「政策推進労組会議」へと進めた。政推会議は「自

由で民主的」を掲げる労組を糾合《きゅうごう》して拡大し、地方では統一に期待する「全民懇」「民労協」の結成が相次いだ。

膠着しがちな統一論議を動かす決定打になったのは、一九七八（昭和五十三）年のゼンセン同盟、鉄鋼労連が連携して、「八〇年代初頭、民間先行で統一実現」とする方針を大会で決定したことだった。両労組の方針は、その後の「統一推進会」発足から「基本構想」発表までの主流をつくることになった。その中心には、いつも山田精吾がいた。

「基本構想」は国際自由労連加盟と、統一労組懇などの共産系労組に「毅然とした態度」を明記し、イデオロギー労働運動からの決別、労働組合主義に則った運動の理念は、その後も微動だにもしなかった。

戦後の日本の労働運動は、「総同盟」と戦前の評議会の流れをくむ左派「産別会議」とに、最初から二分して復活した。戦後労働運動の不幸の始まりといっていい。産別会議の過激闘争を批判する民主化運動から結成されたはずの「総評」が二年目にして左旋回し、「ニワトリがアヒル」へと変身した。これが、第二の不幸だろう。

「連合」結成によって、日本はイデオロギー労働運動からは完全に脱却した。続けられた努力は、IMF・JC結成から二十五年。戦後の労働運動の半分近くの期間が、そのために費やされた勘定になる。

しかし、続けられた努力は決して無駄ではなかった。もう一度「連合」の意味をかみしめてみよう。なにが達成され、なにが足りないままか—、そこにはなお課題も浮かんでくるはずである。（完）

日本の労働運動　戦後の流れ　～労働戦線統一を中心に

1945（S20）年	10月	読売新聞争議
	11月	総同盟準備会発足、活動開始
1946（S21）年	8月	「総同盟」結成
		「産別会議」結成
1947（S22）年	2月	2・1ゼネスト不発
1948（S23）年	3月	国鉄で反共の「民主化同盟」旗揚げ
	7月	GHQマッカーサー書簡
		政府、政令201号を公布・施行
1950（S25）年	7月	「総評」結成
1951（S26）年	2月	総評第2回大会（平和4原則決定、国際自由労連一括加盟案廃案、高野事務局長就任）
1952（S27）年	4～6月	労闘スト（破防法反対の政治スト）
	7月	総評第3回大会（反米的立場をとり、国際自由労連批判）
	11月	電産スト（停電スト実施）
	12月	総評内4単産（海員、全繊、全映演、日放労）声明（総評の政治偏向批判）
1953（S28）年	8～11月	海員、全映演、全繊、総評脱退
1954（S29）年	4月	「全労」結成
	6月	近江絹糸人権争議
1955（S30）年	3～4月	8単産共闘による賃上げ要求産別闘争を展開
	9月	「生産性3原則」生産性運動スタート確認
1956（S31）年	2～4月	「春闘」誕生（初の官民労組の統一闘争）
1960（S35）年	6月	安保闘争、社会党分裂・民社党成立
	4～8月	三井三池争議
1964（S39）年	4月	「全労」国際自由労連に一括加盟
	5月	国際金属労連日本協議会（IMF・JC）結成
	11月	「同盟」結成（全労、総同盟、全官公が一本化）

1967（S42）年	1月	「宝樹論文」発表、労働戦線統一を提唱
1968（S43）年	2月	神奈川で地方民労協が初結成
1970（S45）年	1月	「宝樹論文」、「滝田論文」 「全民懇」発足
	11月	労働戦線統一の「世話人会」発足（翌年2月に拡大世話人会に）
1971（S46）年	2月	労働戦線統一「拡大世話人会」発足
1972（S47）年	1月	「全国民労協」結成
	3月	「22単産会議」発足（翌年7月に解散）
1973（S48）年	11月	「民間労組共同行動会議」発足
1976（S51）年	4月	金属4単産、春闘集中決戦で「JC主導」
	10月	「政策推進労組会議」発足
1977（S52）年	3月	「賃闘対策民間労組会議」発足
1978（S53）年	9月	ゼンセン同盟、鉄鋼労連「80年代初頭に民間先行で統一実現」方針決定
1979（S54）年	9月	塩路自動車総連会長「統一を進める会」提唱
	10月	鉄鋼労連、定年延長交渉妥結（55歳→60歳）
1980（S55）年	9月	「統一推進会」発足
1981（S56）年	6月	統一「基本構想」発表
	12月	統一準備会発足
1982（S57）年	12月	「全民労協」結成
1987（S62）年	11月	「連合（民間）」結成
1989（H元）年	11月	「連合」結成

著　者

久谷 與四郎（くたに よしろう）

労働評論家。1938（昭和13）年生まれ。上智大学新聞学科卒業。読売新聞記者、論説委員、北海道支社長、日本労働研究機構（現・独立行政法人労働政策研究・研修機構）理事などを歴任。著書に『ワーク・ライフ・バランスの実践』（日本リーダーズ協会）、『事故と災害の歴史館』（中央労働災害防止協会）、『労働関係はじめてものがたり×50』（全国労働基準関係団体連合会）、『働く人を守る』（日本リーダーズ協会）ほか多数。

日本の労働運動100年

温故知新——いま原点に立つ

大正元年・友愛会創設から連合結成まで

平成29年9月1日　初版発行

著　者　久谷與四郎

監　修　UAゼンセン
友愛労働歴史館

発行人　落合 清四

発　行　公益財団法人富士社会教育センター
〒101-0024 東京都千代田区神田和泉町1-12-15 O・Sビル3階
電話 03-5835-3335　FAX03-5835-3336

印　刷　アサガミプレスセンター株式会社

ISBN978-4-938296-16-2